絶望と復活

10分で読める
オリンピック・
パラリンピック物語

大野益弘
［編著］

あかね書房

CONTENTS

第1章 成長し続ける2人のトップスイマー 瀬戸《せと》大也《だいや》と萩野《はぎの》公介《こうすけ》［競泳］ 004

第2章 心ゆさぶる「伝説のフリー」 浅田《あさだ》真央《まお》［フィギュアスケート］ 024

第3章 世界最高のアスリートをおそった悲劇 ジム・ソープ［陸上競技］ 044

第4章 世界の常識をこえた「フジヤマのトビウオ」 古橋《ふるはし》廣之進《ひろのしん》［競泳］ 062

第5章 国立競技場に日の丸をかかげたランナーの栄光と悲劇 円谷《つぶらや》幸吉《こうきち》［マラソン］ 082

第6章
みんなを救う「スポーツの力」
佐《さ》藤《とう》真《ま》海《み》［パラ陸上］
100

第7章
たった一度のチャンスでつかんだ、汗《あせ》と涙《なみだ》の金メダル
山《やま》下《した》泰《やす》裕《ひろ》［柔道］
120

第8章
真心をつらぬいた、誇り高き〝名花〟
ベラ・チャスラフスカ［体操］
138

第9章
走ることは、自由になること
陸上4冠の弾丸ランナー
ジェシー・オーエンス［陸上競技］
158

第10章
いだてん、時をこえてオリンピックを走る
金《かな》栗《くり》四《し》三《そう》［マラソン］
180

第1章

成長し続ける 2人のトップスイマー

競泳

瀬戸大也と萩野公介

萩野公介　２０１２年ロンドン大会／競泳男子　４００ｍ個人メドレー／銅
２０１６年リオデジャネイロ大会／競泳男子　個人メドレー４００ｍ／金、２００ｍ／銀、４×２００ｍフリーリレー／銅

瀬戸大也　２０１６年リオデジャネイロ大会　競泳男子　４００ｍ個人メドレー／銅

瀬戸大也《せとだいや》は、萩野公介《はぎのこうすけ》と同じ１９９４年生まれで、同じ学年だ。

小学生の時から水泳の全国大会に出場していた２人は、おたがいの存在を強く意識していた。

「あいつには負けたくない！」

と練習にはげむことで、大きく成長してきた。

今や世界の頂点で戦う２人は、ほぼごかくの実力を持っている。

力と才能のある者どうしが、日本で、そして世界を舞台《ぶたい》に、勝ったり負けたりの戦いをくりひろげている。


同じ種目で金メダルを争うライバルである萩野《はぎの》を、瀬戸《せと》は「戦友」とよぶ。

「自分のライバルは、国内の同級生。完全な敵という感じではなく、おたがいを理解しあい、尊重しあって高めあえる存在であり、友人であり、世界でいっしょに戦っていく『戦友』です」

２０１６年リオデジャネイロ大会・４００メートル個人メドレーでは、萩野《はぎの》が金メダル、瀬戸《せと》が銅メダルをかくとくし、日本人ダブル表彰台《ひょうしょうだい》を実現した。

競泳で日本人選手が２人同時に表彰台《ひょうしょうだい》に上がったのは、60年ぶりとなる快挙だった。

キング・オブ・スイマー

２０１６年８月。

南半球のブラジル・リオデジャネイロで開催《かいさい》されたオリンピック。

開会式の翌日におこなわれた競泳・男子４００メートル個人メドレーには、日本がほこる２人のトップスイマーが出場した。

今季世界ランク１位の萩《はぎ》野《の》公介《こうすけ》と、世界選手権２連覇《れんぱ》で今大会にのぞんだ瀬《せ》戸《と》大也《だいや》だ。

個人メドレーは、１人の選手が「バタフライ→背泳ぎ→平泳ぎ→自由形（クロール）」の順番で泳ぐ。

４つの泳法すべてをマスターしたうえで、得意ではない泳ぎ方でも平均以上のタイムで速く泳がなければならない。体力的にもきびしく、過酷《かこく》な種目だ。

だからこそ、勝者は「キング・オブ・スイマー（競泳の王者）」の称号《しょうごう》でたたえられるのだ。

午前中におこなわれた予選。

瀬戸《せと》が積極的に飛ばし、自己ベストを更新《こうしん》する4分8秒47で全体の2位。

調子のよさをアピールした。

萩野《はぎの》は夜の決勝にそなえて、後半からややペースを落とす。

よゆうを残しながらも、4分10秒00の好タイムで3位だった。

決勝のレースは、3レーンに萩野《はぎの》、5レーンに瀬戸《せと》。

スタートの短い電子音が鳴り、世界の精鋭《せいえい》たちがいっせいに飛びこむ。

最初のバタフライでは瀬戸《せと》が飛びだし、萩野《はぎの》が2位につけた。

続く背泳ぎで、萩野《はぎの》が瀬戸《せと》をかわして逆転し、トップに立つ。

平泳ぎでも萩野《はぎの》がトップをキープした一方で、2人の間の4レーンを泳ぐ予選1位のチェース・ケイリシュ（アメリカ）にぬかれて、瀬戸《せと》が3位に下がった。

この上位3人が、他の選手を引きはなしていく。

3人での、メダルの色の争いだ。

金メダルをかけた最後の自由形で、ケイリシュが猛烈《もうれつ》に萩野《はぎの》を追いあげる。

ケイリシュが追いつくか、萩野《はぎの》がこのままにげきれるか――。

興奮する観客の大声援《せいえん》が、会場じゅうにひびきわたる。

そして萩野《はぎの》は、体半分のリードを保ってフィニッシュ。

この種目で日本選手初となる金メダルだ。

しかも、4分6秒05の、みごとな日本新記録をたたきだしたのだ。

レース直後、勝利のおたけびをあげた萩野《はぎの》。

コースロープを乗りこえてスーッと瀬戸《せと》のもとへ泳いでいった。

そして軽くだきあい、おたがいの健闘《けんとう》をたたえあう。

なにも言葉はかわさなくても、それだけで気持ちは通じあった。

チームみんなで喜びたかった

レース直後、ハアハアと肩《かた》で大きな息をする萩野《はぎの》。

プールサイドでインタビュアーに、思わず「水、水をください」とお願いした。

それほど、全力を出しきっていたのだ。

瀬戸《せと》とともにこたえたインタビューでは、「大也《だいや》が予選からいい泳ぎだったんで、前半から負けないようにいかないと勝てないと思った」と語った。

予選での、自分を上回る瀬戸《せと》のタイムに、プレッシャーをかけられていたのだ。

結果として、前半のリードのおかげで、にげきることができた。

瀬戸《せと》は「つかれちゃいました」と少しおどけながら、

「今回は公介《こうすけ》がロンドンオリンピックからがんばってきた成果だと思うので、東京オリンピックでは自分も４年間みっちり準備して、次こそワン・ツー・フィニッシュできるようにがんばります」

とこたえた。

さわやかな笑顔で「おめでとう」と萩野《はぎの》を祝福しながらも、瀬戸《せと》は闘志《とうし》を燃やしていた。

メダルをとれたことはうれしいが、勝負には負けたからだ。

４年後の東京大会でワン・ツー・フィニッシュすることが、２人の新たな目標だ。

だが、次に金メダルをとるのは、公介《こうすけ》ではなく、自分だと。

その後萩野《はぎの》は、２００メートル個人メドレーでは銀メダルをかくとく。

さらに、４×２００メートルフリーリレーで、松田丈志《まつだたけし》、江原騎士《えはらないと》、小堀勇氣《こぼりゆうき》とともに銅メダルをかくとくし、日本の競泳チームを大いに盛り上げた。

天才と努力

栃木県出身の萩野《はぎの》は、幼稚園のころから選手育成コースへ進み、小学２年生のときにはジュニアオリンピックで優勝した。

すでに「天才スイマー」として知られていた萩野《はぎの》と、埼玉県出身の瀬戸《せと》。

２人が出会ったのは、小学３年生の夏の全国大会だった。

当時の萩野《はぎの》は、同年代の選手に負けたことがない。

連戦連勝のトップ選手だ。

９歳《さい》の瀬戸《せと》は、２００メートル個人メドレーで25メートル以上の大差をつけられ、13秒もおくれてゴールした。

「すごい選手がいる」

おどろいた瀬戸《せと》は、圧倒《あっとう》的な強さを持つ萩野《はぎの》に勝ちたいと、個人メドレーの練習に力を入れるようになった。

やがてその努力が実を結ぶ。

瀬戸《せと》がはじめて萩野《はぎの》に競り勝ったのは、中学２年の時の全国ＪＯＣ（ジュニアオリンピックカップ）水泳競技大会・４００メートル個人メドレーでのこと。

当時の中学日本新記録で優勝した。

高校生になり、日本のトップスイマーに成長した２人は、よきライバルとしてメディアでも紹介《しょうかい》されるようになった。

オリンピック本番前の２０１２年４月。

高校３年生となった萩野《はぎの》と瀬戸《せと》。

２人は「いっしょにロンドンオリンピックへ行こう！」と声をかけあい、代表選考レースとなる日本選手権にのぞんだ。

瀬戸《せと》大也《だいや》の悲運

４００メートル個人メドレー。

萩野《はぎの》は高校日本新記録をマークする会心の泳ぎで優勝し、この種目での日本代表に決定した。

男子競泳で、高校生でオリンピック出場を決めたのは、２０００年シドニー大会の北島康介《きたじまこうすけ》以来のことだ。

瀬戸《せと》は、４００メートル個人メドレー・２００メートル個人メドレーどちらの種目も決勝で派遣《はけん》標準記録を突破《とっぱ》した。

だが、おしくも3位に終わる。

瀬戸《せと》はインフルエンザにかかっていた。

じゅうぶんな練習ができず、体力も落ちてしまっていたのだ。

上位２名に入れなかったため、オリンピックの出場権は得られなかった。

ライバル２人の明暗は大きく分かれ、萩野《はぎの》だけがロンドンへ行くことになった。

このままじゃ終われない

ロンドン大会で、17歳《さい》の萩野《はぎの》は大活躍《かつやく》をみせた。

４００メートル個人メドレーでは、予選１位のタイムで決勝に進出した。

決勝では記録を大幅《おおはば》に更新《こうしん》し、日本新記録で3位に入った。

ほとんど同時にゴールした2位のブラジルのティアゴ・ペレイラとは、わずか0・08秒差。

およそ指1本分の差だ。

さらに、「水の怪物《かいぶつ》」とよばれる王者、萩野《はぎの》もあこがれているアメリカのマイケル・フェルプスに競り勝っての銅メダルかくとくだった。

一方、オリンピック出場の夢が破れた瀬戸《せと》は、気持ちが落ちこんで、水泳に身が入らなくなっていた。

自信もやる気も失って、オリンピックを見るのもつらい。

オリンピックの大舞台《ぶたい》。

個人メドレー種目で日本人初となる銅メダルをかかげた萩野《はぎの》が、遠い世界に行ってしまったような気がした。

くやしくてしかたない。

だが、その思いが、瀬戸《せと》のしずんだ心をふるい立たせた。

「このままじゃ終われない。公介《こうすけ》には負けない！」

その一心で、今まで以上にいっしょうけんめい練習にとりくんだ。

得意のバタフライをみがき、苦手な背泳ぎのキックを強化した。

瀬戸大也と萩野公介

負けない。負けたくない！

萩野《はぎの》は、東洋大学に進学した。

そこで、北島康介《きたじまこうすけ》を金メダルに導いた平井伯昌《ひらいのりまさ》コーチの指導をうけ、さらに実力をのばしていった。

２０１３年７月。

萩野《はぎの》はスペインのバルセロナで開催《かいさい》された世界水泳選手権７種目にエントリー。

４００メートル自由形と２００メートル個人メドレーで銀メダルをかくとくした。

だが、この大会にはリベンジに燃える瀬戸《せと》の姿もあった。

大会最終日、４００メートル個人メドレーで優勝したのは、瀬戸《せと》だ。

自己記録を更新《こうしん》し、この種目では日本人選手として初の金メダルをかくとくした。

となりのレーンで泳ぐ萩野《はぎの》との直接対決を制した瀬戸《せと》。

オリンピックに出場できなかったくやしさを晴らし、見事にリベンジをはたした瞬《しゅん》間《かん》だった。

世界水泳選手権は、２年に一度開催《かいさい》される。

２０１５年にロシア・カザンでおこなわれる大会は、ともに積み重ねてきた力を試す最高の舞台《ぶたい》だった。

「ここで、真のチャンピオンを決めよう」

そう２人は誓《ちか》いあっていた。

しかし萩野《はぎの》は、思わぬアクシデントに見まわれてしまう。

萩野《はぎの》公介《こうすけ》不在の重さ

大会直前の７月、合宿先のフランスでのこと。

萩野《はぎの》は、宿舎からプールに自転車で移動中に転倒《てんとう》。

とっさに右手を地面についたため、ひじを骨折してしまったのだ。

全治２か月の診断《しんだん》で、大会を欠場することになった。

「きっと自分以上に、大也《だいや》が活躍《かつやく》してくれます」

萩野《はぎの》は右手をギプスで固定して会見にのぞみ、瀬戸《せと》にエールをおくった。

「公介《こうすけ》の分までがんばろう」

大会にいどんだ瀬戸《せと》は、そのとき、プレッシャーをはじめて感じた。

金メダルをとらなければいけないという期待の大きさ。

きっと公介《こうすけ》も、こんな苦しい思いをロンドン大会で感じていたのだろう。

「２人で出場していると、公介《こうすけ》との勝負を楽しめば自然と金メダルに手が届くと思っているので、メダルは特に気にしない。

でも１人だと、すべて自分にかかってくるのできつかった」

世界で萩野《はぎの》に勝つから　メダルに価値がある

そんな重圧を背負った孤独《こどく》な戦いで、瀬戸《せと》の泳ぎは圧巻だった。

最終日の４００メートル個人メドレーで、自己ベストを更新《こうしん》して金メダルをかくとくし、リオ大会代表に内定した。

日本人初の、世界選手権２連覇《れんぱ》——。

瀬戸《せと》の強さは、世界のライバルたちの印象に強く残った。

だが、瀬戸《せと》は思っていた。

「ここで自分が勝っても、真のチャンピオンとはいえない。

やっぱり世界で公介《こうすけ》に勝ってこそ、そのメダルに価値がある」


２０１６年４月の日本選手権には、ケガが治った萩野《はぎの》の姿があった。

４００メートル個人メドレー。

ひさしぶりの直接対決で、勝ったのは萩野《はぎの》。

瀬戸《せと》は２位に入った。

リオ大会の切符《きっぷ》を手にした２人の本当の勝負は、オリンピックの大舞台《ぶたい》でくりひろげられることとなる。

萩野の苦悩
休養の決断

瀬戸《せと》は明るい性格で、自分の感覚にしたがって動くマイペース型。

萩野《はぎの》は冷静で、論理的に考えるまじめな性格だ。

タイプがまったくちがう２人だが、自分にはないものを相手が持っているところも、おたがいにいい刺激《しげき》となっているにちがいない。

リオ大会で金・銀・銅、合計３個のメダルをかくとくしたかがやかしい活躍《かつやく》のあと、萩野《はぎの》は苦しんでいた。

２０１７年には右ひじを手術。

その後もタイムはのびなやみ、どんなに練習しても、試合で自分が思うような結果がでないことをつらく感じた。

萩野《はぎの》は、２０１９年３月、休養することを決断した。

やめるのは今じゃない

「自分が『こうありたい』という理想と現実の結果の差が少しずつ自分の中で開いていき、モチベーションを保つことがきつくなっていきました。

自分の心ともう一度しっかり向き合いたいと思います」

そして、しばらく水泳からはなれたことで、

「水泳が好きだし、泳ぎたい。高みをめざしたい。やめるのは今じゃない」

という思いがわき、５月から少しずつ練習を再開した。

水泳を好きな気持ちを取りもどした萩野《はぎの》は、

「東京オリンピックの目標は、複数種目での金メダル」

と、ねらいをしっかりさだめた。

公介《こうすけ》がいないなら、
金メダルは当たり前

２０１９年７月。

韓国《かんこく》・光州でおこなわれた世界水泳選手権。

瀬戸《せと》は２００メートル個人メドレーで自己ベストを上回る１分56秒14をマーク。

この種目で日本人初の金メダルにかがやいた。

さらに、４００メートル個人メドレーも制して２冠《かん》を達成。

この活躍《かつやく》で、早くも２０２０年東京大会の２種目代表入りを決めた。

「チェースも公介《こうすけ》もいないなかで、（金メダルは）とって当たり前。このラッキーをつかめたのは、この1年間がんばったごほうびかな」

と、瀬戸《せと》はふりかえる。

「あと1年、水泳がやめたくなるぐらいのトレーニングを積めたら、来年もまたきっといい結果がまっている」

瀬戸《せと》の目は、東京大会をまっすぐ見すえている。

萩野《はぎの》の復活

そして萩野《はぎの》は、翌月のワールドカップ東京大会で、ついに実戦に復帰した。

日本の選手はもちろん、海外の選手も「おかえり」と萩野《はぎの》を温かくむかえる。

会場の大きな拍手《はくしゅ》。

歓声《かんせい》が帰ってきた「日本のエース」を包む。

泳げる幸せを感じて、笑顔を見せる萩野《はぎの》は、２０２０年４月の日本選手権で、東京大会の出場枠《わく》かくとくをめざす。

「１００パーセントやれば、自分のものになる」

と、自信をのぞかせた。

世界一をめざして力のかぎり泳ぐ、日本がほこる２人のトップスイマーがくりひろげるレースは、つねに注目をあびている。

「ふたりで決勝にいくと、『さぁ、どっちが勝つんだ』っていう勝負ができる。

それが最高に楽しい。

そこで公介《こうすけ》に勝つと、本当に胸を張って喜べる」

と、瀬戸《せと》は言う。

東京大会の金メダルはだれの手に

ともにめざすは、２０２０年東京大会での金メダルだ。

自国開催《かいさい》のオリンピックで、表彰《ひょうしょう》台の一番高い場所に立つのは瀬戸《せと》か？

それとも萩野《はぎの》か？

メダルを胸に、笑顔で表彰《ひょうしょう》台に並ぶ「戦友」２人の活躍《かつやく》。

日本が、いや世界が期待している。

【参考文献】
『日本の誇る天才スイマー　萩野公介』本郷陽二（汐文社）２０１６
『チームでつかんだ栄光のメダル　競泳　萩野・瀬戸・松田・坂井・江原・小堀・金藤・星』本郷陽二（汐文社）２０１６
『まんが　ＮＨＫアスリートの魂　自分らしく前へ』（学研プラス）２０１７
『心にのこるオリンピック・パラリンピックの読みもの　別巻』（学校図書）２０１７
ＹＡＨＯＯ！ＪＡＰＡＮニュース／インタビュー記事　ｈｔｔｐｓ：／／ｎｅｗｓ．ｙａｈｏｏ．ｃｏ．ｊｐ／ｆｅａｔｕｒｅ／７９９

第2章

心ゆさぶる「伝説のフリー」

フィギュアスケート

浅田真央

2010年バンクーバー大会　フィギュアスケート　女子シングル／銀
2014年ソチ大会　フィギュアスケート　女子シングル／6位

小さな子どもからも「まおちゃん」とよばれて親しまれているフィギュアスケーター、浅田真央《あさだまお》。

見ている者を幸せな気持ちにするふしぎな魅力《みりょく》がある。

そして、笑顔で楽しそうに、そしてしなやかに氷の上を舞《ま》う姿は美しい。

浅田《あさだ》の最大の武器は、女子でもっとも難しいジャンプの「トリプルアクセル（3回転半）」だ。

数々の試合で成功と失敗をくりかえした彼女《かのじょ》は、２０１４年ソチ大会で、世界じゅうのひとびとの心に残る感動的な演技を披露《ひろう》した。

それは、のちに「伝説のフリー」とよばれることとなる。

3つのトリプルアクセル

２０１０年、カナダでおこなわれたバンクーバー大会。

19歳《さい》の浅田真央《あさだまお》は、はじめてオリンピックに参加した。

2月23日、女子シングル・ショートプログラム。

浅田真央

夢の舞台《ぶたい》に立てた喜びと緊張《きんちょう》をまとって、浅田《あさだ》が演じたのは「仮面舞踏《ぶとう》会」。

ドラマティックなワルツの3拍子《びょうし》にのって、軽やかにすべりだす。

最初のジャンプは、彼女《かのじょ》の代名詞ともなっているトリプルアクセルと、2回転トーループのコンビネーション。

あざやかに決まった。

その後の演技もほぼミスなくこなし、満面の笑みでフィニッシュ。

このシーズンの自己ベストとなる、73・78点を記録した。

ショートプログラムを2位で通過した浅田《あさだ》は、1日あけた25日のフリースケーティングで逆転をねらう。

1位の韓国《かんこく》のキム・ヨナとの差は、およそ5点。

同世代のライバルとして、いつもくらべられていた2人。

優勝するのはどっちの選手だろうと世界じゅうの注目が集まった。

キム・ヨナの滑走《かっそう》順は、浅田《あさだ》の直前。

高さのあるきれいなジャンプを次々と決め、迫力《はくりょく》のあるほぼノーミスの演技で、浅《あさ》田《だ》にプレッシャーをかけた。

浅田《あさだ》のまとう、赤と黒の情熱的な衣装が、まっ白なリンクによく映える。

フリーの曲は「鐘《かね》」。

重低音の、おごそかなメロディが鳴りひびく。

最初のトリプルアクセルをきれいに着氷すると、つづくトリプルアクセル＋２回転トーループのコンビネーションも決めた。

ショートで一度、フリーでは二度。

女子選手がひとつの大会で三度ものトリプルアクセルをとんだのは、史上はじめての快挙だった。

しかし、３連続ジャンプが乱れると、スケートのブレード（刃《やいば》）のかかとが、氷がけずれてできたみぞに引っかかってしまうという不運にも見まわれた。

会場がどよめくなか、けんめいに演技をつづけたが、「真央《まお》スマイル」はない。

金メダルを手にしたのは、キム・ヨナだった。

銀メダルは、次のステップ

「あっという間に終わってしまいました。くやしいです」

涙《なみだ》をぬぐい、ふるえる声でインタビューにこたえた。

幼いころから目指していた金メダルには、手が届かなかった。表彰《ひょうしょう》台では、銀メダルを手に、泣きはらした目でむりに笑顔をつくった。

帰国後の会見では、「今は、うれしさ半分と、くやしさ半分です。この銀メダルは、次のステップだと思って、またソチに向けてがんばりたい」と語った。

自分らしい演技ができなかったことがくやしい。

今のままではいけない——そして浅田《あさだ》は、大きな決心をした。

トリプルアクセルの天才

幼いころ、習いごとはなんでも、2歳《さい》上の姉の舞《まい》といっしょだった。

名古屋のリンクで5歳《さい》からスケートをはじめた浅田真央《あさだまお》は、難しいジャンプを軽々ととぶ「天才少女」として、小さいころから注目を集めた。

キラキラとかがやく大きなひとみ、天真爛漫《てんしんらんまん》なかわいらしい笑顔。

日本じゅうがとりことなり、やがて国民的ヒロインとなっていく。

２００５年、世界ジュニア選手権で優勝。

同じ年、15歳《さい》でシニア国際デビュー。

世界のトップ６人で競われるグランプリファイナルに進出し、みごとに優勝した。

当時から、彼女《かのじょ》の強みはトリプルアクセルだった。

ジャンプの種類は、全部で６つある。

難しい順にならべるとこうだ。

「アクセル、ルッツ、フリップ、ループ、サルコー、トーループ」

アクセルが難しいのには理由がある。

６つのジャンプでただひとつ、前向きでふみきりをするからだ。

後ろ向きでふみきる他のジャンプよりも、そのぶん半回転おおく回ることになる。

空中高くとびあがり、３回転半も体をひねる大技。

女子選手は、体が軽いジュニアのほうがジャンプをとびやすいと言われているが、この大技にいどんでいた女子は、当時、世界で浅田《あさだ》ただ１人。

そして、10年以上にわたって成功させつづけた選手は、浅田《あさだ》のほかにだれもいない。

浅田《あさだ》は、たった１人で、女子のレベルを数十年先にまでおしあげた選手ともいわれている。

ちなみに、女子ではじめてトリプルアクセルを公式戦で成功させた選手は、1992年アルベールビル大会で銀メダルをかくとくした伊藤《いとう》みどりだ。

伊藤《いとう》は浅田《あさだ》と同じ名古屋の出身。

「あんなふうにジャンプをとびたい」

と、子どものときから浅田《あさだ》のあこがれの存在だった。

自分のスケートを一から見直すため

浅田《あさだ》がバンクーバー大会後に決意したのは、「自分のスケートを一から見直す」ことだった。

そこで、佐藤信夫《さとうのぶお》コーチに、指導をお願いした。

佐藤《さとう》は、すばらしいスケート技術をもつ選手たちを育てあげてきた名コーチだ。

だが浅田《あさだ》は、これまで二度も世界選手権で優勝をかざった世界女王だ。

もう一度、基礎《きそ》からやりなおすのは、並大抵《たいてい》のことではない。

すでに超《ちょう》一流の選手の指導を引きうけることにはためらいがあったが、浅田《あさだ》本人と、浅田《あさだ》の母の熱心さにうたれて、佐藤《さとう》コーチは覚悟《かくご》を決めた。

そして、スケーティングの姿勢や、ジャンプをふみきるタイミングなどの修正を、地道に重ねていく。

最愛の母との別れ

だが、ジャンプだけの練習ではうまくとべても、試合では流れのなかでとばなくてはならない。

どうしても、もとのとび方のクセが出て、失敗してしまう。

冷たい氷の上に、何百回も体を打ちつける。

腰《こし》の痛みも強まる。

あまりのつらさに、スケートからはなれたいと思ったこともあった。

だが、目標はソチ大会。

それまでに、自分のスケートを完成させたい。

浅田《あさだ》は着実に練習をこなしていった。

そんななか、２０１１年12月、浅田《あさだ》の一番の理解者だった、最愛の母が亡くなった。

「生前、家族で約束したとおり、今後も自分の夢に向かって、やるべきことをしっかりやることが、お母さんも喜んでくれることだと思い、今までどおり練習にはげみたいと思います」

自分がやるべきことは、せいいっぱい演技すること――。

この公式コメントの発表どおり、浅田《あさだ》は葬儀《そうぎ》の翌日から練習を再開し、10日後の全日本選手権に出場。

そして、優勝した。

家族のきずなが、浅田《あさだ》の大きなささえとなっていたのだ。

何もわからない

２０１４年のオリンピックシーズン。

「自分の夢」に向けて、きびしい練習を積んできた浅田《あさだ》の想いは強い。

そして、「今度こそ金メダル」「キム・ヨナにリベンジ」と、テレビや新聞もあおった。

大きすぎる期待と、期待にこたえられるだろうかという不安。

重圧を背負いながらソチ大会をむかえた。

4年ぶり、二度目の大舞台《ぶたい》だ。

2月19日、ショートプログラム。

浅田《あさだ》は30人の選手のなかで一番最後にすべる最終滑走《かっそう》者だった。

演技がはじまったのは、もう夜11時半近く。

直前の29番目にすべった、地元ロシアのアデリナ・ソトニコワのすばらしい演技への大歓声《かんせい》や拍手《はくしゅ》が鳴りやまないなかリンクに立った浅田《あさだ》。

いつもとはちがうふんいきに飲まれていた。

淡《あわ》い紫《むらさき》色の衣装に身をつつんだ浅田《あさだ》は、かたい表情のまま、「ノクターン」の美しい調べにのせて、ゆっくりとすべりだす。

そして、最初のトリプルアクセル。

無事に着氷したかに見えたが、わずかにバランスをくずして転倒《てんとう》してしまう。

すると、続く2つのジャンプにもミスが出てしまった。

自己ベストにはるかにおよばない55・51という低い得点。

そしてまさかの「16位」という順位。

今まで経験したことのないものだった。

「自分でも、終わってみて……まだ何もわからないです」

元気のない表情、放心状態で、インタビューにこたえる。

「自分の思っていたような演技ができなかった。いつもどおりと思っていたけど、体がうまく動かなかった」

トップとは約20点も差がある。

メダルには、もう届かない。

やるしかない

「日本に帰れない」とさえ思いつめるほどつらく、くやしかったという。

そんな浅田《あさだ》を、おおくのファンやスケーターの仲間たちが勇気づけた。

失意にしずんだ浅田《あさだ》の心によりそい、ツイッターに応援《おうえん》のエールをおくったのだ。

選手村に帰りついたのは、午前1時。

浅田《あさだ》はほとんどねむれないまま、翌日の朝をむかえた。


20日、フリースケーティング。

午前中の公式練習でもジャンプが決まらず、調子がまったくもどらない。

気持ちをうまく切りかえることができなかった。

だが、演技の直前、リンクのドアをでると、浅田《あさだ》の表情は一変した。

「やるしかない」

緊張《きんちょう》感とひきしまった表情からは、世界女王のかんろくがみなぎっている。

「オリンピックじゃないと思おう。ここまで練習してきたんだから、失敗しても後悔《こうかい》しないように、思いきっていこう」

こい青色に、ところどころ赤いラインがいろどられたデザインの衣装は、静かに立ちのぼる炎《ほのお》にも、飛びたつ翼《つばさ》のようにも見える。

「真央《まお》ちゃん、がんばれー！」

観客席から、ひときわ大きな声援《せいえん》がひびく。

おどろくことに、この時、この声がはっきり聞こえていたと、浅田《あさだ》は後日、テレビ番組で語った。

「『1人じゃない』と思いました」

それは、浅田《あさだ》を応援《おうえん》する日本じゅう、いや、世界じゅうのひとびとの心を代表した声だったのかもしれない。

その後、浅田《あさだ》の集中をさまたげないよう、場内はすぐにシーンと静まりかえった。

リンクの中央、スターティングポジションにすっと立つ。

両腕《うで》を大きく交差させてから下向きに広げ、うつむいてポーズをとる。

ロシアの作曲家ラフマニノフの、「ピアノ協奏曲第2番」。

おごそかに、ピアノの低い音色が流れだす。

伝説の4分間の幕が開いた

浅田《あさだ》は、ゆっくりと、ひとつひとつの動きをていねいにすべりだす。

観客席、そしてテレビを通じておおくのひとびとが息をのみ、祈《いの》るように見守った。

最初のトリプルアクセル。

しっかりと着氷した。

わっとわく観客。

ここから一気にスピードアップし、浅田《あさだ》はリンクをかけめぐった。

トリプルフリップ＋トリプルループ。

難しい3回転の連続ジャンプも決める。

バンクーバーではとべなかったジャンプだ。

「いける」

難しいジャンプをつづけて成功させたことで自信がもどり、このままうまくいくという確信に変わった。

トリプルルッツ、ダブルアクセル＋トリプルトーループ。

キレのよい3回転ジャンプを連発し、次々と成功させていく。

トリプルサルコー、トリプルフリップ＋ダブルループ＋ダブルループの3連続ジャンプ、そして最後にトリプルループ。

軽やかに、そして気持ちよさそうに、6種類8つの3回転ジャンプを、すべて成功させたのだ。

浅田真央

ジャンプだけではない。

華麗《かれい》なスピン、そしてこんしんのステップシークエンス（ステップとターンの連続）も、浅田《あさだ》は磨《みが》きあげてきた。

ふりつけを担当したロシアのタチアナ・タラソワが、「真央《まお》といっしょに生みだせた、私の最高傑作」とよぶ、高難度のステップだ。

盛り上がる曲調にあわせて、体全体を大きく使い、力強く、のびやかに。

表現力ゆたかな浅田《あさだ》ならではの、魂《たましい》をゆさぶるような演技だ。

氷の上でただ1人、極限の技に挑戦《ちょうせん》しつづけている浅田《あさだ》の姿から、目がはなせない。

会場全体が、大きな手拍子《びょうし》に包まれた。

最後にクルリと円をえがき、力の限りを出しつくして、空を見上げるフィニッシュポーズをピタリと決める。

まちがっていなかった

ぎゅっとつぶった浅田《あさだ》の目から、大つぶの涙《なみだ》がこぼれ落ちる。

肩《かた》も小さくふるえている。

自分が本当にしたかった、納得できる、満足できるスケート。

それが、やっとできたのだ。

今までやってきたことは、まちがっていなかったと証明された演技。

長年にわたるきびしい練習がむくわれ、ついに理想にたどりついた瞬間《しゅんかん》だった。

観客は立ち上がり、大きな拍手《はくしゅ》を彼女《かのじょ》におくる。

勝敗をこえた、心の底からのリスペクトだ。

泣いている観客もいる。

テレビの前でハラハラしながら浅田《あさだ》の演技を見守っていたおおくの視聴《しちょう》者も、最高の演技をまのあたりにして、思わず涙《なみだ》を流した。

大きな失敗をしても、あきらめず、自分自身ができるベストをつくしてきた。

彼女《かのじょ》の努力と勇気は、おおくのひとびとの心をふるわせ、希望の灯をともしたのだ。

このフリーの得点は、「１４２・71」。

浅田《あさだ》の生涯《しょうがい》最高得点となった。

ショートとの合計で、順位を10もジャンプアップさせて、６位に入賞した。

メダルをかくとくすることは、もちろんすばらしい。

だが、世界じゅうのひとびとの心に残る「伝説のフリー」を披露《ひろう》した浅田《あさだ》は、かがやくメダルをこえた感動をプレゼントしてくれた。

「昨日はすごくくやしい思いをして、心配してくださった方もたくさんいると思うんですけど、今日はこうして自分の中で最高の演技をできたので、恩返しができたと思います」

その勢いで、ソチ大会から間もない３月に日本でおこなわれた世界選手権で、浅田《あさだ》は４年ぶり三度目の優勝をはたしたのだった。

もっとも印象に残っている演技

２０１７年４月に引退会見がおこなわれた。

「もっとも印象に残っている演技をひとつ選ぶなら？」

と質問されると、

「ひとつっていうのは難しいですが……」

と少し考えてから、

「やっぱり、ソチのフリーです」

と、きっぱり言い切った。

「伝説のフリー」は、浅田《あさだ》自身がもっとも深く記憶《きおく》にきざんだ演技なのだ。

プロスケーターとして

引退後、浅田《あさだ》はプロスケーターとなった。

「サンクスツアー」として、アイスショーを日本各地でおこなっている。

今まですべってきたプログラムをキャストのスケーターたちとともに、メドレーで披露《ひろう》している。

目標は、スケート場のある、すべての都道府県をまわることだ。

「たくさんのファンのみなさんに、『今まで応援《おうえん》してくれてありがとう』と伝えたい」

そんな浅田《あさだ》に、観客も「真央《まお》ちゃん、感動をありがとう」と、あたたかい拍手《はくしゅ》をおくる。

たゆまぬ努力と、感謝の心を忘れない「マオ・アサダ」。

今も、世界じゅうのひとびとに愛され、魅《み》了《りょう》しつづけている。

【参考文献】

『心にのこるオリンピック・パラリンピックの読みもの　3』（学校図書）2016
『浅田真央　そして、その瞬間へ』　吉田 順（学研教育出版）2013

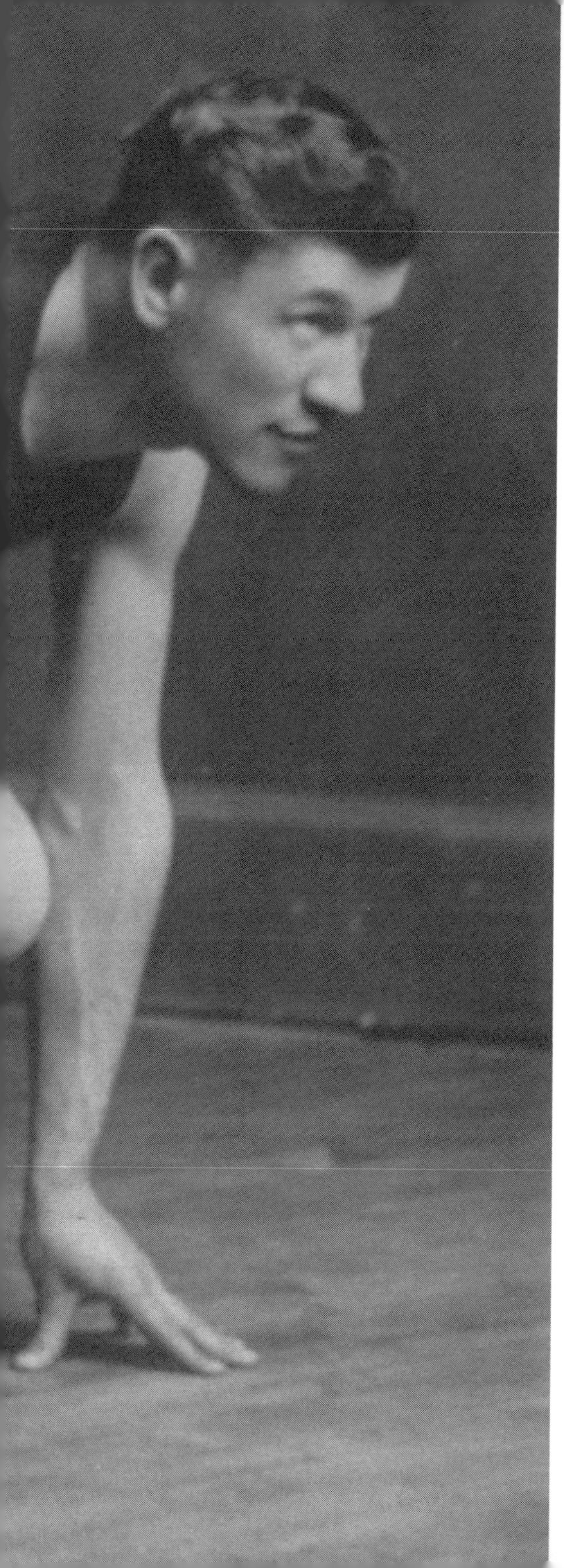

第3章

世界最高のアスリートをおそった悲劇

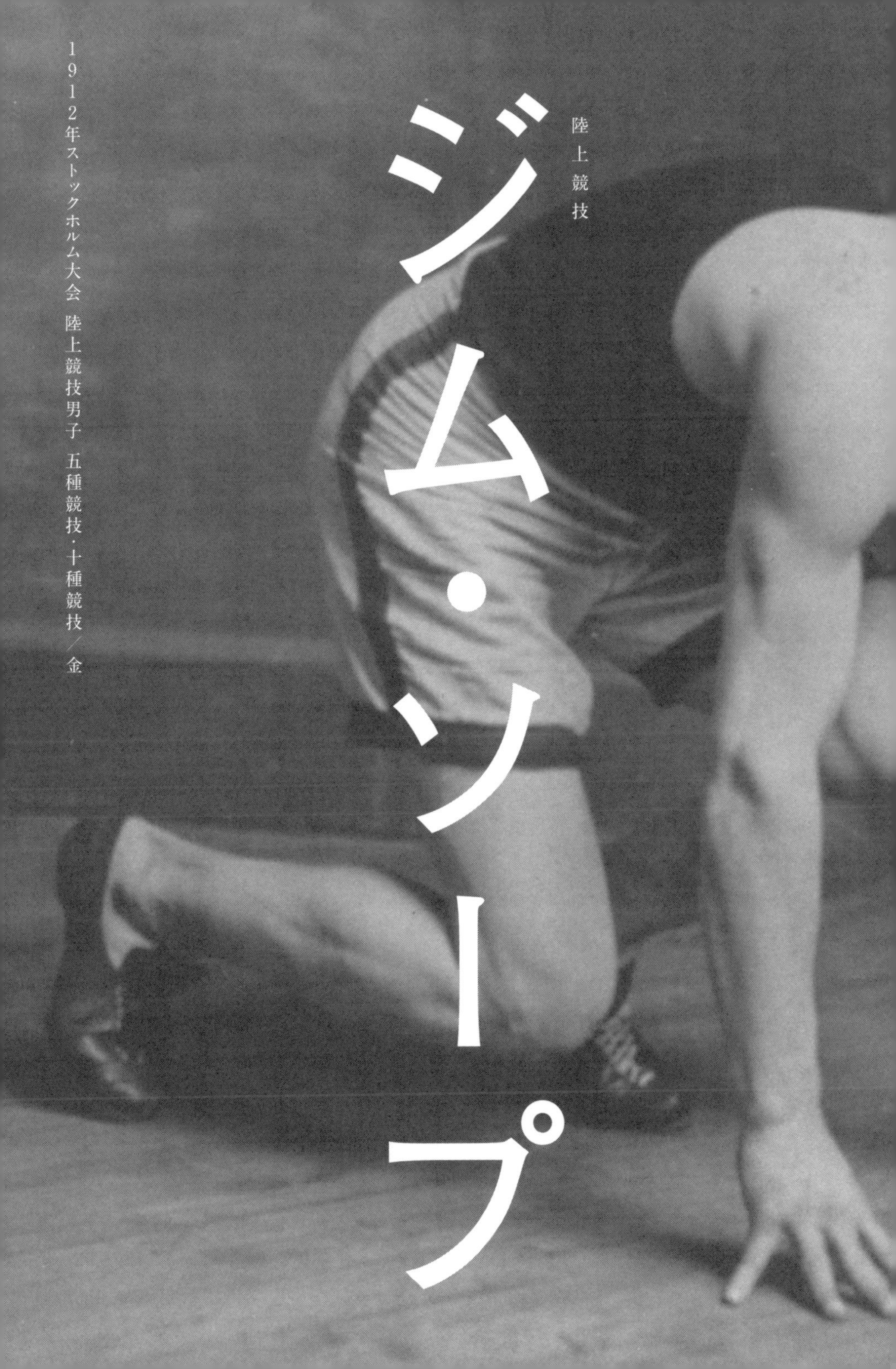

陸上競技

ジム・ソープ

1912年ストックホルム大会　陸上競技男子　五種競技・十種競技／金

２０世紀最高のアスリート

アメリカ大陸に白人が移住するより前。

いや、コロンブスがアメリカ大陸に到達《とうたつ》する15世紀よりずっとずっと以前。

５０００年〜１万年前から、アメリカ大陸には人が住んでいた。

コロンブスは、自分が到達《とうたつ》したのはインドだとかんちがいし、そこに暮らしていた人たちをインディアンとよんだ。

ヨーロッパからアメリカ大陸にわたった白人は、インディアンに対して虐殺《ぎゃくさつ》、略奪《りゃくだつ》をくり返した。

悪い病気も持ちこまれ、おおくのインディアンが犠牲《ぎせい》になった。

その結果、１万年以上前からアメリカ大陸で暮らしていた人びとの数は激減した。

生き残った者は差別され、迫害《はくがい》された。

彼《かれ》らは居留地《きょりゅうち》という、そこにだけ住んでよいと決めつけられた土地に閉じこめられるか、インディアンであることを否定する生活を強いられるようになった。

ジム・ソープは、そんなインディアンの子孫として生まれた。

先住民＝ネイティブアメリカンの子孫として生まれたジムは、のちに20世紀最高のアスリートとよばれるようになる。

しかし彼《かれ》の人生は、アメリカという国のしくみ、当時のオリンピックの規則であるアマチュアリズムという思想に、うちのめされつづけた。

あらゆるスポーツの天才

ジム・ソープが生まれたのは、１８８８年5月28日。

アメリカ合衆国オクラホマ州にある先住民サック・アンド・フォックス族の居留地《きょりゅうち》だった。

生まれたときに付けられた名前は「ワ・ソ・ハク」。

先住民の言葉で「かがやかしい道」を意味する。

しかし、当時のアメリカ政府により本名を放棄《ほうき》させられ、ジム・ソープと名乗るようになった。

大自然の中で、魚を釣《つ》ったり小さな動物をつかまえたりした。

ときにはワナをしかけて鹿《しか》や熊《くま》をつかまえるような本格的な狩猟《しゅりょう》もした。

そんな野生児にとっては、学校の規則や読み書きなどの勉強、きちんとした制服、教師の命令などはどうでもよいことで、まじめにやっていなかった。

だが、ひとつだけ真剣《しんけん》に取り組んだ教科があった。

体育である。

走ったりとんだり投げたりする陸上競技でも、レスリングのような格闘《かくとう》技でも、ジムはだれにも負けなかった。

スポーツが得意になった大きな原因のひとつは、父ハイラム・ソープの存在だった。

走る、とぶ、馬に乗る、そして狩《か》りなどが得意で活動的だった父は、息子にスポーツの楽しさを教えた。

同時にフェアプレーについても教えた。

走るだけならまだしも、チームプレーや格闘《かくとう》技は、相手がいなくては試合にならない。

スポーツは相手をにくんでやっつけるものではなく、ともに楽しむもの。

相手に危害を加えたり、こわがらせたりしてはいけないと教えたのだ。

ジム・ソープ

ジムはまず野球をおぼえた。

投げる、打つ、走る、そのどれをとっても、能力は群をぬいていた。

とつぜんあらわれたスター

ジム・ソープが18歳《さい》のとき、学校のグラウンドを歩いていると、陸上競技の選手が走り高とびの練習をしていた。

バーは上がっていったのだが、ある高さで止まってしまった。

だれもそれ以上高くはとべなかったのだ。

見ていて自分ならできるのではないかと考えたジムは、選手たちに声をかけてとばせてもらった。

すると、１回で楽にクリアできたのだ。

それは学校の最高記録をこえたことを意味していた。

このときからジムは陸上競技部に入ることになった。

すごいのは走り高とびだけではなかった。

ソープは走り幅《はば》とび、短距離《きょり》走、ハードル走、ハンマー投げや砲丸《ほうがん》投げなど、数おおくの種目にチャレンジし、そのすべてですばらしい記録を出した。

学校のヒーローとなったジムは、複数の州の競技会に出場。

おおくの種目で優勝する。

他の学校にも名前が知られるようになっていった。

スポーツが上達するにしたがって、それまでは乱暴なところがあったジムの生活態度は、よくなっていった。

しだいに体育以外の教科の成績も向上した。

ある日、アメリカンフットボールの選手から声をかけられた。

フットボールなどまったく経験したことがなかったが、やってみると、ボールを持ったまま相手選手のタックルをかわして、軽やかに走りぬけることができた。

瞬発《しゅんぱつ》力とスピードが並外れていたのである。

２週間後にはチームの１軍に入っていた。

陸上競技、野球、そしてアメリカンフットボールの３つの競技で、彼《かれ》は大活躍《かつやく》した。

ジム・ソープはどんなスポーツでもすぐにおぼえ、そしてばつぐんの能力でトップへ上りつめていく。

ずばぬけた才能をもったアスリートだった。

しのびよる影

22歳《さい》のとき、ソープは偶然《ぐうぜん》出会った野球部員からちょっとしたアルバイトにさそわれた。

アメリカのノースカロライナ州にロッキーマウントというマイナーリーグのチームがあり、そこでプレーすると1週間で15ドルもらえるというのだ。

好きな野球をやってお金をもらえるならと考え、参加してみることにした。

ちょっとしたアルバイトのつもりだった。

このささいなできごとが、のちの彼《かれ》の人生に大きな影《かげ》を落とすことになる。

当時、このようなアルバイトをする学生は多かった。

のちに34代アメリカ合衆国大統領になるアイゼンハワーも士官学校の学生時代、ソープと同じようにプロ野球チームのアルバイトをしていた。

ちがっていたのは、ソープは本名でおこない、アイゼンハワーは偽名《ぎめい》でおこなったということぐらいだ。

オリンピックの代表に

ジム・ソープは、国内の陸上競技大会で圧倒《あっとう》的な力を見せつけ、24歳《さい》で１９１２年ストックホルムオリンピックの代表になった。

ストックホルムまでは長い船の旅だ。

体がなまってしまうとよくないと思い、甲板《かんぱん》を走った。

休憩《きゅうけい》していると、１人のネイティブアメリカンに声をかけられた。

その男はネイティブではあったが、自分と同じアメリカ本土出身の「インディアン」ではなかった。

１８９８年にアメリカ合衆国の準州になったハワイ（州になったのは１９５９年）から来た水泳選手、デューク・カハナモクだった。

２人はたがいに相手を知っていたが、それまであまり会話をしたことがなかった。

ジム・ソープ

握手《あくしゅ》をした２人は、甲板《かんぱん》のはじに腰《こし》をおろして話しをした。

「なあ、ジム、きみは走ったりとんだり、いくつものスポーツができるのに、どうして水泳をやらないのかい？」

「それはデューク、きみのためにとっておいたのさ」

とソープは笑顔で言った。

「おたがいにがんばろう」

そう言って２人はふたたび握手《あくしゅ》をした。

この船には、のちに国際オリンピック委員会（ＩＯＣ）会長になるアベリー・ブランデージも選手として乗っていた。

オリンピックでソープが出場する種目は、陸上の十種競技と五種競技。

十種競技は現在オリンピックでおこなわれているものとほぼ同じ。

１人の選手が、１００メートル、走り幅《はば》とび、砲丸《ほうがん》投げ、走り高とび、４００メートル、１１０メートルハードル、円盤《えんばん》投げ、棒高とび、やり投げ、１５００メートルの10種目をこなし、総合得点で順位を決める。

五種競技は、現在オリンピックではおこなわれていない。

こちらは、走り幅《はば》とび、円盤《えんばん》投げ、200メートル、1500メートル、やり投げの5つをおこなう。

ともに、1人がいくつもの種目をこなす競技で、どちらもきわめて過酷《かこく》だ。オールラウンドのタフなアスリートでなければ、すべてをやりとげることはできない。

十種競技の優勝者は「キング・オブ・アスリート」とよばれ賞賛されている。

ソープはこの大会で、なんと十種競技と五種競技の両方で金メダルをかくとくした。

両種目とも2位に圧倒《あっとう》的な差をつけての1位である。

当時のオリンピックは、最終日にすべての競技のメダル授与《じゅよ》式がおこなわれていた。

授与《じゅよ》の方法も、現在とは異なり、開催《かいさい》国や参加国の元首や王族・貴族がメダルのプレゼンターになり、台の上に立つ。

メダルをもらう選手はその下に立ち、1段高いところにいるプレゼンターからメダルを手わたされるという方式だった。

ソープは、五種競技の金メダルを授かるとき、プレゼンターであるスウェーデン国王グスタフ5世から「あなたは世界最高のアスリートだ」と言われた。

プロの参加は認められない

しかし、うれしい時間は長く続かなかった。

ソープに思わぬ悲劇がおそいかかったのだ。

ストックホルム大会が幕を閉じてから約半年後の１９１３年１月。

複数の新聞が、

「ジム・ソープはアマチュアではない」

「かつてジム・ソープはプロ野球チームに所属していた」

と書いたのである。

当時のオリンピック憲章には「参加する選手はアマチュアでなくてはいけない」という規定（アマチュア規定）があり、プロ選手の参加はまったく認められていなかった。

新聞記者は、その規定に英雄《えいゆう》ジム・ソープが違反《いはん》していると書いたのだ。

記者はオリンピックのトップ選手であるソープが、かつて少しのあいだプロ野球チームにいたことをたまたま知った。

それは大スクープにするだけの価値ある情報だったのだ。

記事は新聞に大きく掲載《けいさい》され、あっというまに話がひろがった。

すぐに全米アマチュア・アスレティック・ユニオン（ＡＡＵ）が調査に動いた。

そして、ソープはアマチュア規定違反《いはん》によって金メダルをはく奪《だつ》されてしまったのである。

このアマチュア規定は、１９７４年にオリンピック憲章から削除《さくじょ》され、現在は原則としてアマ・プロの差なくすべてのアスリートが参加できるようになっている。

だが当時は非常に厳しく制限されていた。

正直に名のっただけなのに

ソープはＡＡＵに手紙を書いた。

「私はただのインディアンスクールの学生にすぎません。

そのような規定についてはまったく知りませんでした……。

私は悪いことをしていると思っていませんでした。

他の学生たちも同じことをしていたからです……」

うったえもむなしく、2つの金メダルはIOCに没収《ぼっしゅう》された。

ソープはみんなと同じアルバイトをして、週にたった15ドルの報酬《ほうしゅう》を得ただけだった。

のちの大統領もやっていたことだった。

大統領は偽名《ぎめい》だったが、ジム・ソープは正直に名のった。

うそをついていない、悪いことなどしていない。なのに……。

ジム・ソープの名は、あらゆる記録から削除《さくじょ》された。

スポーツマンのほこりと尊敬

1位が取り消されたことで、2位の選手がくり上がることになる。

だが、十種競技で2位だったスウェーデンの選手も、五種競技で2位だったノルウェーの選手も、金メダルのうけ取りを拒否《きょひ》した。

彼《かれ》らはうけ取らない理由を言った。

「自分は1位ではないから」

アマチュア規定のことはよくわからなくても、ジム・ソープの強さを彼《かれ》らは身をもってわかっていた。

ソープが堂々と戦って勝ったことは、2位の選手たちは知っていた。

そのソープから取り上げられたメダルをもらうわけにはいかない。

2人にもプライドがあった。

そしてソープに対するリスペクトもあった。

差別とのたたかい

ソープはもはや、プロスポーツ選手としてやっていくしか道がなかった。

メジャーリーグのニューヨーク・ジャイアンツに入団した。

しかし、そこで差別的なあつかいをうける。

いくら活躍《かつやく》しても、アメリカ人としてあつかってもらえない。

当時の野球は白人が中心だったのだ。

そこで、ソープはアメリカンフットボールに移る。

プロフットボーラーとして、野球以上の活躍《かつやく》をみせた。

第２次世界大戦が終わったころから、ソープの名誉《めいよ》を回復させる動きが起こりはじめる。スポーツ記者たちがその運動に加わった。

１９４９年には映画会社のワーナーブラザーズが、ジム・ソープの映画を作ることを決めた。

その年、ＡＰ通信社がスポーツ記者たち約４００人を対象に、

「20世紀前半のアスリートのなかでもっとも優れているのはだれか」

というアンケートを実施《じっし》した。

その結果、圧倒《あっとう》的多数が１位に挙げたのが、ジム・ソープだった。

野球の神様といわれたベーブ・ルースは２位。

１９３６年ベルリンオリンピックの陸上競技で活躍《かつやく》したジェシー・オーエンスは８位である。

そんなアンケートがあっても、ソープの金メダルははく奪《だつ》されたままだった。

１９５３年３月28日、ジム・ソープは64歳《さい》でこの世を去った。

名誉《めいよ》回復と金メダル奪回《だっかい》運動はつづいていた。

だが、ＩＯＣは動かなかった。

当時のＩＯＣ会長はアベリー・ブランデージ。

１９１２年ストックホルムオリンピックで、ブランデージはソープと同じ船に乗り、ともに五種競技と十種競技に出場した。

だが、ブランデージは五種競技で6位、十種競技では16位に終わっている。

そのことがソープの金メダル回復に影響《えいきょう》していたとは思えないが……。

70年後の金メダル

１９７３年、ＡＡＵはソープのアマチュア資格を回復する決定をした。

それからさらに9年が経った１９８２年。

ＩＯＣはサマランチ会長のもと、ようやくソープの名誉《めいよ》回復を決めた。

金メダルがつくられ、ソープの遺族にわたされたのだ。

はく奪《だつ》されてから、ほぼ70年が経過していた。

メジャーリーグのジャイアンツ時代に、彼《かれ》は泣きながらこう言ったという。

「メダルは今、私の手にはない。しかし、あれは私がとったものだったんだ。私は正々堂々とフェアに競技して勝ちとったんだ」

そしてこうも言った。

「スウェーデン国王が私にくれたメダルやトロフィーは、すべてうばわれてしまった。でも、記念の品はうばえても、王様が私にかけてくれた言葉はうばえない」

『あなたは世界最高のアスリートだ』

【参考文献】

『一九一二年オリンピック、あの夏の男たち』東理夫（新潮社）1996
『20世紀最高のスポーツマンはだれか』佐山和夫（小学館）1998

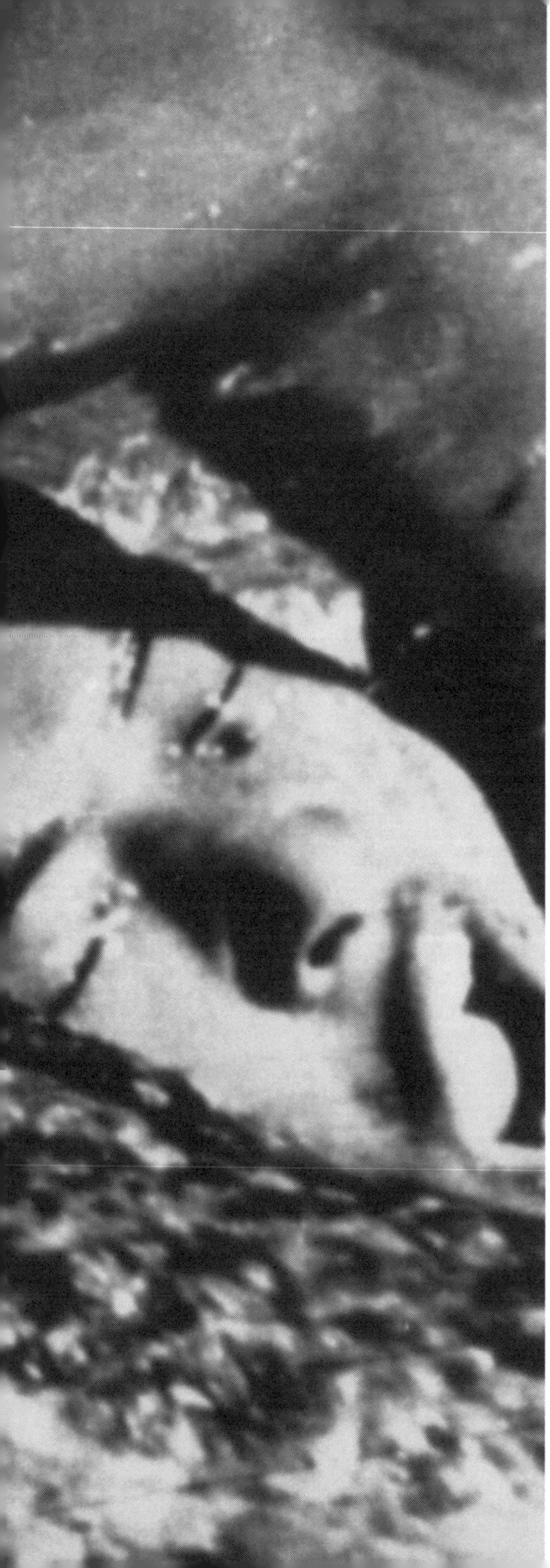

第4章

世界の常識をこえた「フジヤマのトビウオ」

競泳

古橋廣之進

1952年ヘルシンキ大会　競泳男子　400m／8位

最強アメリカを超《こ》えた

第２次世界大戦による中断をはさみ、12年ぶりに開かれた１９４８年ロンドンオリンピック。

水泳競技では、アメリカの選手が自由形３種目と背泳ぎ、平泳ぎ、自由形リレーの男子種目すべてで金メダルをかくとくするという、圧倒《あっとう》的な強さをみせた。

水泳で世界最強をほこっているのは、アメリカ。

ロンドン大会の結果は示している。

だが、そうではないことがすぐに知れた。

ロンドン大会の自由形金メダリストよりもずっと速い記録が、同じ日にはるか遠い日本で出たというニュースがロンドンに飛びこんできたのだ。

１５００メートル自由形で、古橋廣之進《ふるはしひろのしん》という選手がロンドン大会金メダリスト・マクレーンの19分18秒５を40秒以上も上回る、18分37秒０をマークしたという。

２位、橋爪四郎《はしづめしろう》の記録も18分37秒８ののび。

さらに４００メートル自由形でも、オリンピックの同種目金メダリスト・スミスの４分41秒０を大きく上回る４分33秒４を古橋《ふるはし》がたたき出したという。

これら日本選手たちが出したタイムはどれも、おどろくべき世界新記録であった。

しかしこのニュースは、ロンドンでは信用されなかった。

「日本のプールは短くつくられているのではないか」

「日本にはまともなストップウォッチがないのではないか」

ずいぶんと失礼ないいぐさだが、日本の選手たちが出した記録はそれほど、世界のひとびとの想像を超《こ》えていたのだった。

彼《かれ》らの実力が本物であることは、翌年にアメリカの大会で証明されることになる。

だがそのいきさつをご紹介《しょうかい》する前に、古橋《ふるはし》らの生い立ちや人となり、ロンドン大会に日本選手が出場しなかったわけをお話ししておこう。

スーパーヒーロー、誕生する

古橋廣之進《ふるはしひろのしん》は、１９２８年に水泳のさかんな静岡《しずおか》県浜松《はままつ》市に生まれた。

小さいころからがんじょうな体をもち、小学校４年生のときに水泳をはじめると、小学生新記録をマークして新聞をにぎわせる存在になった。

日本はこのころ世界でも水泳大国として知られている。

１９３２年のロサンゼルスオリンピックでは金メダル５個、銀メダル５個、銅メダル２個。

１９３６年ベルリン大会でも金メダル４個、銀メダル２個、銅メダル５個というめざましい成績をあげている。

古橋《ふるはし》たち水泳少年は、遠い夢ではなく自分たちにも手の届く目標としてオリンピックのメダルかくとくを思いえがいた。

しかし、古橋《ふるはし》が中学生になったころから第２次世界大戦が激化。

１９４２年半ばからは水泳はもちろん、学校の授業すらもうけられない環境《かんきょう》となる。

勉強のかわりに生徒がおこなっていたのは、戦争のための兵器や物資をつくる、「勤労奉仕《きんろうほうし》」だった。

この時期に、事件がおきる。

古橋《ふるはし》は工場で歯車にまきこまれてしまったのだ。

左手中指の第一関節から先を切断。

水泳では、手のひら、とくに親指と中指で力強く水をかくことが推進力を生む。水泳選手として活躍《かつやく》することを夢見ていた彼《かれ》にとって、左手中指の事故はとてもショックなできごとだった。

最大のライバルは最強の味方

1945年夏。

戦況《せんきょう》は悪化をたどり、日本の降伏《こうふく》をもって第2次世界大戦が終結した。

戦争の傷あとは深く、国民は食料にも困るようなきびしい環境《かんきょう》におかれていたが、敗戦とひきかえに自由を手にした。

古橋《ふるはし》は3年ぶりに、おそるおそる泳いでみた。

左手の中指がなくなったことでバランスはかなり悪くなった。

だが、意外と泳げそうだ。

彼《かれ》は水泳部に入り、弱くなった左手の力をカバーするために、徹底《てってい》的に右腕《みぎうで》をきたえ、右手と足のけりでスピードが出せるように練習をつんだ。

人には「変わった泳ぎ方」と言われたが、古橋《ふるはし》は左手のハンディのことは言わず、自己流の泳ぎ方をきわめた。

のちにおおくのひとびとが、

「左手のケガがなければもっとすごい記録が出ただろう」

と言ったものだが、それはちがう。

中指を失ったせいで人一倍泳ぎに工夫をこらしたし、だれよりも努力することができた。

なんとなく泳いでいただけでは、世界には届かなかっただろう。

これは、後年になって古橋《ふるはし》が話したことである。

メダルラッシュへの期待

さて、戦後まだ物資もとぼしいなか、古橋《ふるはし》と水泳部の仲間たちの食料は、わずかな米やイモ、公園でつかまえたカエルなどだった。

つねにお腹をすかせながら、それでも毎日泳ぎまくって力をのばした。

その仲間には、古橋《ふるはし》と生涯《しょうがい》のライバルとなる橋爪四郎《はしづめしろう》、短距離《きょり》でオリンピックメダリストとなる鈴木弘《すずきひろし》や浜口喜博《はまぐちよしひろ》もいた。

１９４７年、古橋《ふるはし》は日本選手権で、４００メートル自由形４分38秒４という驚異《きょうい》的なタイムを出した。

このタイムは、世界記録を上回る。

このとき日本水泳連盟は戦争の責任を問われて国際水泳連盟から除名されていたため、「幻《まぼろし》の世界記録」となった。

古橋《ふるはし》の快挙に力を得て、仲間たちもどんどん記録をのばす。

翌年のロンドンオリンピックに出場したなら、水泳チームは１９３２年大会、１９３６年大会にもおとらないほどのメダルラッシュをみせるにちがいないと、古橋《ふるはし》たち自身も、日本国民も心まちにした。

戦争のつめあと

だが、その望みは断たれた。

ロンドン大会の組織委員会が、第2次世界大戦での敵国日本の大会参加を認めなかったのだ。

日本水泳連盟会長の田畑政治《たばたまさじ》は言った。

「政治とオリンピックは別だというのに、ロンドンはなにを言っているんだ！　こうなったら、オリンピックと同じ日に日本で水泳大会を開き、日本の選手がオリンピック選手たちよりも速いことを証明しよう」

そうして、日本の水泳選手たちが、ロンドンオリンピックの選手たちに遠く海をへだてた場所から挑戦《ちょうせん》し、大記録を打ち立てたのだった。

日本人が自信を取りもどした

古橋《ふるはし》たちはこの日から、日本国民のヒーローになった。

戦争によって長い間きびしい生活をおくり、終戦後もくやしさを味わってきた日本人にとって、彼《かれ》らのこの快挙は忘れていた自信をよみがえらせる、涙《なみだ》のでるようなうれしいできごとだった。

古橋《ふるはし》らはまさしく、日本のほこりといえる存在になったのだ。

敗戦国のヒーロー

１９４９年、日本水泳連盟が国際水泳連盟への復帰を認められた。

それは日本選手たちのタイムが世界公認記録となり、海外遠征《えんせい》もできるようになったことを意味していた。

日本が最初の遠征《えんせい》先に選んだのは、アメリカのロサンゼルス。

ロンドン大会のメダリストたちと直接対決し、実力を証明するチャンスだ。

だが戦争の記《き》憶《おく》がうすれていないころ、アメリカ人の対日感情は最悪で、

「アメリカに行ったら殺される」

とさえ言われていたほどだった。

実際ロサンゼルスでは、歓迎《かんげい》ムードとは真逆のふんいきが日本選手団をとりまいた。

「ジャップ」という日本人をさげすむよび名があちこちで聞こえるなか、古橋《ふるはし》たちは全米選手権にいどんだ。

そして、すべてをひっくり返した。

まず、初日の１５００メートル予選Ａ組で橋爪《はしづめ》四郎《しろう》がいきなり、公認世界記録を20秒以上も上回る18分35秒７の新記録をマーク。

まわりを引きはなして泳ぐ橋爪《はしづめ》のあまりの速さに、レースの進み方を知らせるアナウンスが乱れた。

次のＢ組で泳いだ古橋《ふるはし》が直前の橋爪《はしづめ》のタイムをさらに15秒以上も短縮する18分19秒０をだしてみせると、審判《しんぱん》も観客席も総立ちになった。

終わってみれば、４００メートル、８００メートル、１５００メートルのすべてで世界新記録をだして古橋《ふるはし》が優勝。

けたちがいの強さだった。

観客席で涙《なみだ》を流して喜んでいたのは、ロサンゼルスに住む日系人たちだった。

「日本人の血をひいている」

という理由で戦時中迫害《はくがい》をうけ、つらい思いをしていた日系のひとびとにとって、自分たちの苦労を一気にすすいでくれるような、格別に感動的なながめだったのだ。

日本選手の強さは本物だ。

そう知ったアメリカのひとびとの反応は、とても素直だった。

競技を終えた古橋《ふるはし》たちのもとに、ライバルのアメリカ選手たちが続々とおとずれて握手《あくしゅ》をもとめ、彼《かれ》らをたたえる言葉とプレゼントを山ほど置いて行ったのだ。

スポーツのすばらしい力

翌日の新聞には、「ジャップ」ではなく「ジャパニーズ」という文字と、日本の水泳選手をほめたたえる記事がおどった。

「日本のプールは短いとか、時計の回りがおそいとか書いたことはまちがっていた」という謝罪の言葉までが掲載《けいさい》された。

街のひとびとも、前日まではうって変わって日本選手団の快挙を大歓声《かんせい》で祝った。

アメリカの新聞に「フジヤマのトビウオ」というニックネームをつけられた古橋《ふるはし》のほうも、フェアな反応を示してくれたアメリカのひとびとに対して、それまで持っていた「いやなやつらだ」という認識をあらためた。

そして、両国間の悪感情を一瞬《いっしゅん》で解きほぐした、スポーツのもつ力のすばらしさを実感したのだった。

ロサンゼルスのあとにおとずれたハワイでも、地元のひとびとの熱狂的《ねっきょう》な歓迎《かんげい》をうけ、戦争時代を生きぬいてきた日系人たちを勇気づけた。

彼《かれ》らは、敗戦後の最初の希望として、世界中の日系人を元気づける大きな役割もはたしていったのだった。

王者をおそった不運

帰国後、古橋《ふるはし》たちは日本各地で模範《もはん》演技を披露《ひろう》した。

大人から子どもまでがヒーローの泳ぎをひとめ見ようとつめかけ、どの会場も満員になった。

年が明けた１９５０年には南米遠征《えんせい》が組まれ、最初の渡航《とこう》地ブラジルにわたった。

ここでも、おおくの日系人をふくむ地元のひとびとが見守るなか、古橋《ふるはし》は４００メートル自由形で４分32秒６の世界新記録をだしてみせた。

古橋《ふるはし》の選手生命をゆるがすアクシデントがおそったのは、そのすぐ後だった。

ホテルで「消毒してあるからだいじょうぶ」と言われた水を飲んだ古橋《ふるはし》は、その夜から、はげしい腹痛と下痢《げり》におそわれた。

診断《しんだん》された病名はアメーバ赤痢《せきり》。

ほんとうなら2、3か月も入院しなければならない重い病気。

だが、日本チームの南米遠征《えんせい》ははじまったばかりだ。

チームの目玉である古橋《ふるはし》が離脱《りだつ》することはゆるされなかった。

重病の体をひきずって、古橋《ふるはし》はウルグアイ、アルゼンチン、チリと転戦した。

だが、とても泳げる状態ではなく、ホテルで寝《ね》ていることしかできなかった。

最後の転戦地、ペルーではどうしても泳いでほしいとたのまれ、ふらふらの体で100メートルを泳いだ。

また帰国とちゅうに寄ったアメリカでも世界記録保持者とのレースをたのまれ、むりをして泳いだ。

帰国した古橋《ふるはし》の体には、疲労《ひろう》と病のダメージが折りかさなってたまっていた。

体調不良はいつまでたってもよくならず、選手を引退することも考えた。

しかし、古橋《ふるはし》には、オリンピックのメダルにむける国民の期待がかかっていた。

世界新記録を連発してはいても、古橋《ふるはし》はオリンピックの舞台《ぶたい》にまだ一度も立っていないのだ。

また、若い選手がなかなか育たず、日本水泳界はベテランとなった古橋《ふるはし》、橋爪《はしづめ》たちが引っ張っていかざるをえなかった。

大学を卒業し、就職した古橋《ふるはし》は、朝から夕方までは仕事、夕方からはプールで練習というハードな毎日に明けくれた。

つかれはどんどんたまり、泳ぎはキレを失っていった。

治らない体

１９５２年、ヘルシンキ大会の年が明けた。古橋《ふるはし》の体調はまだもどっていないどころか、悪化していた。

アメーバ赤痢《せきり》の後遺症《こういしょう》である下痢《げり》が止まらない。

おまけに悪性の風邪《かぜ》で高熱にうなされ、回復がおくれた。

インタビューなどには「大会に間にあわせる」と答えていたが、それがむりであることを彼《かれ》自身がいちばんわかっていた。

そして、４００メートル自由形一本にしぼってオリンピックの出場予選にのぞみ、ぎりぎりの3位ですべりこんだ。

ともに大会にのぞむ橋爪《はしづめ》たち仲間は、古橋《ふるはし》をそばで見守り心配していたが、不調になやむエースの力になることはできなかった。

古橋《ふるはし》は、ヘルシンキ大会日本選手団の主将に任命された。

雨の降る開会式で、胸を張って先頭を歩いた。

ヘルシンキで会った外国のひとびとはおどろくほどに彼《かれ》のことを知っていて、「フジヤマのトビウオは必ず金メダルをとる」と思っているらしかった。

ひとびとに激励《げきれい》されて笑顔で握手《あくしゅ》にこたえる心のうちはつらかったが、古橋《ふるはし》がそのつらさを表にだすことはなかった。

「せいいっぱいの努力はしたんだ。あとは、やるしかないんだ」

古橋《ふるはし》は1人、自分に言い聞かせていた。

フジヤマのトビウオ
オリンピックを泳ぐ

大会12日目におこなわれた男子400メートル決勝。

ぎりぎりで決勝に残った古橋《ふるはし》は第8レーンからのスタートだ。

号砲《ごうほう》が鳴り、いっせいに選手たちが飛びこむ。

アメリカのコンノとフランスのボワトウがはげしいトップ争いをくり広げ、ボワトウが金メダルをもぎとった。

コーチであるボワトウの父親が、背広のままプールに飛びこんで息子にキスをする。

大歓声《かんせい》にわく会場。

古橋《ふるはし》は、プールのはじでけんめいに泳いだ。

一度は7位に上がったが、ラストスパートがきかずに最下位の8位でフィニッシュ。

古橋《ふるはし》に、「ありがとう」を

日本では、現地から実況《じっきょう》するラジオのアナウンサーの声が流れていた。

その声は涙《なみだ》まじりだった。

「日本のみなさま、どうか古橋《ふるはし》を責めないでやってください。

古橋《ふるはし》の活躍《かつやく》なくして、戦後の日本の発展はありえなかったのであります。

古橋《ふるはし》に、ありがとうを言ってあげてください……」

戦い終えた古橋《ふるはし》に向けられたひとびとの目は、温かかった。

みな、古橋《ふるはし》が努力しつづけてきたことを知っていた。

なにより、彼《かれ》が自分たちに自信とほこりを取りもどさせてくれたヒーローであることにちがいはないのだ。

温かい拍手《はくしゅ》に送られ、くやしさを内に秘め、古橋《ふるはし》は静かに選手生活を終えた。

ライバルの銀メダル

日本水泳チームがこの大会でとったメダルは３つ。

１００メートル自由形、１５００メートル自由形、８００メートルリレーの銀メダル。

橋爪《はしづめ》四郎《しろう》は、１５００メートル自由形でとった銀メダルを長い間、人に見せようとはしなかった。

メダルなしに終わった尊敬するライバル、古橋《ふるはし》への思いによるものだった。

古橋廣之進《ふるはしひろのしん》は引退後も、日本水泳連盟会長や日本オリンピック委員会会長、国際水泳連盟副会長をつとめ、水泳やスポーツの発展につくした。

２００９年に80歳《さい》で亡くなったときには、世界各地のプールで黙《もく》とうがささげられた。

トビウオジャパン

世界のひとびとにとっては戦後まもないころに敗戦国からとつじょ出現した天才。

「フジヤマのトビウオ」として、国民にとっては自信をとりもどさせてくれた希望の象徴《しょうちょう》。

たしかにオリンピックではメダルと無縁《えん》に終わった。

だが、古橋《ふるはし》は大きな存在でありつづけたのだ。

ところで、競泳日本代表に「トビウオジャパン」というニックネームがつけられていることを、みなさんはご存知だろうか。

このニックネームにこめられた意味を、この物語を読んだみなさんならわかるはずだ。

【参考文献】

『熱き水しぶきに　とびうおの〝軌跡〟』古橋廣之進（東京新聞出版局）１９８６
『古橋廣之進　力泳30年』古橋廣之進（日本図書センター）１９９７
『文藝春秋２００９．10』（文藝春秋）２００９
『エコノミスト８６．６．１７』（毎日新聞社）１９８６
『スポーツ歴史の検証　オリンピック・パラリンピック　歴史を刻んだ人びと』（笹川スポーツ財団）２０１９

第5章

国立競技場に日の丸をかかげたランナーの栄光と悲劇

1964年東京大会　マラソン男子／銅

マラソン

円谷幸吉

まじめな英雄《えいゆう》

１９６４年10月21日。

東京オリンピック陸上競技最後の種目としておこなわれたマラソン。

日本じゅうの期待と注目を集めるなか、１位の王者・エチオピアのアベベにつづいて国立競技場にもどってきたのは、円谷《つぶらや》幸吉《こうきち》だった。

３位でフィニッシュし、銅メダルをかくとく。

東京オリンピックで日本の陸上競技が得た、ただひとつのメダルだった。

メインスタジアムに、ついに日の丸があがる。

24歳《さい》の円谷《つぶらや》は、この瞬間《しゅんかん》から国民的英雄《えいゆう》となった。

円谷《つぶらや》を知る人は、みな口をそろえて言う。

「まじめで、責任感が強く、礼儀《れいぎ》正しい好青年だった」と。

その性格は、陸上競技で好成績を残す原動力となった。

一方、取りかえしのつかない悲劇にもつながってしまった。

円谷幸吉

新人選手の予期せぬ登場

1964年東京大会で、円谷《つぶらや》は陸上競技2種目に出場した。

まずは陸上競技初日の10月14日におこなわれた1万メートルで、世界の強豪《きょうごう》選手たちを相手に「6位入賞」と大健闘《けんとう》した。

日本男子の陸上トラック競技では、戦後初となる入賞だった。

この快挙に、ひとまず責任がはたせたと安心する畠野洋夫《はたのひろお》コーチに向かい、円谷《つぶらや》はにっこり笑って、こう言った。

「教官、少し休んだら、マラソンにそなえて練習します」

陸上競技の最後におこなわれるマラソンは、日本選手では好調なエースの君原健二《きみはらけんじ》と、当時持ちタイムが一番よかった寺沢徹《てらさわとおる》の2人がメダル候補と考えられており、マラソンの経験が少ない円谷《つぶらや》はあまり注目されていなかった。

レースは速いペースで進んだ。

アベベがトップで独走する。

君原《きみはら》と寺沢《てらさわ》がメダル争いから脱落《だつらく》するなか、円谷《つぶらや》だけが上位にとどまり、２番手でゴールの国立競技場にもどってきた。

「円谷《つぶらや》だ！　円谷《つぶらや》がきた！」

日の丸をつけた小柄《こがら》な新人選手の予期せぬ登場に、スタンドは大いにわいた。

マラソンゲート近くに座っていた円谷《つぶらや》の母・ミツもおどろき、思わず立ちあがる。

ヒートリーとの死闘《しとう》

だが、すぐ後ろから、イギリスのベイジル・ヒートリーがぐんぐんせまってくる。

スタンドをうめるのは、およそ７万５０００人の大観衆。

悲鳴のようなさけび声で円谷《つぶらや》に声援《せいえん》をおくった。

「がんばれ、円谷《つぶらや》！」

「うしろ！　おーい、うしろだ！」

「うしろに外国の選手がきているぞー！」

だがトラック上での駆《か》け引きは、マラソンの経験ゆたかなヒートリーが勝っている。

じわじわと差をつめると、ゴールの２００メートル手前で、ついに円谷《つぶらや》に追いつき、あっというまに追いぬいた。

円谷《つぶらや》は、後ろをふり向いて相手の位置を確認することをしなかった。

厳しい父親・幸七から、

「絶対に後ろをふり向くな。自分を信じれば、後ろをふり向くことなんかない」

との教えをうけていたからだ。

42キロの道のりを、持てるスピードのかぎりをつくして走りつづけてきた円谷《つぶらや》。

体が左右にゆれてはいたが、しっかりとした足どりだった。

だが、ヒートリーのラストスパートにはついていくことはできなかった。

日本陸上の救世主

結局、円谷《つぶらや》は自己ベストの２時間16分22秒８の３位でゴール。

銅メダルをかくとくした。

これは、東京大会で日本人選手が陸上競技で得た、ただひとつのメダルだ。

さらに男子1万メートルとあわせて2種目入賞をはたしたことで、今大会で成績がふるわなかった日本陸上界を円谷《つぶらや》が救ったとまで言われた。

「円谷《つぶらや》　堂々3位　陸上28年ぶり日の丸」
「円谷《つぶらや》力走し3位　ゴール前　息づまる接戦」
「晴れ晴れと円谷《つぶらや》　7万人の歓声《かんせい》あびて」
「よくぞ円谷《つぶらや》〝日の丸〟へひた走り」

翌日の新聞各紙には、円谷《つぶらや》の快挙をたたえる大きな見出しが一面に並ぶことになる。

表彰《ひょうしょう》台に上がる円谷《つぶらや》の、真っ赤なトレーニングウエアの胸には、「ＮＩＰＰＯＮ」の白い文字が目立つ。

銅メダルを首にかけ、両手を大きくふって、観客の拍手《はくしゅ》と声援《せいえん》に笑顔でこたえた。

国立競技場に掲揚《けいよう》され、空にはためく日の丸を、円谷《つぶらや》はしっかりと目に焼きつけていた。

「もう少しで銀メダルだったのに、残念だ」
「円谷《つぶらや》は、次こそ金メダルをとってくれるはずだ」

おおくの日本国民も、その姿をほこりに思うと同時に、さらなる希望を持って見つめていた。

円谷幸吉

陸上が好きだった

円谷《つぶらや》幸吉《こうきち》は福島県須賀川《すかがわ》町（現在の須賀川《すかがわ》市）の出身で、7人兄弟の末っ子だった。「こうき、こうき」とよばれ、両親から厳しくもやさしい愛情を注がれて育つ。子どものころは愛犬を連れて、近くの須賀川《すかがわ》の土手を走った。

高校生になると、駅伝を走っていた兄といっしょにトレーニングにはげみ、3年生の時にはインターハイや国体で5000メートルに出場した。

走ることに魅力《みりょく》を感じていた円谷《つぶらや》は、社会人になっても走りつづけたいと、高校卒業後は陸上自衛隊に進んだ。

そして郡山駐屯《こおりやまちゅうとん》地で、野球好きな下士官とともに2人だけの陸上部を立ちあげる。次第に陸上競技の実績《じっせき》が認められると、自衛隊の管区対抗《たいこう》駅伝や、青森ー東京駅伝などに出場した。

だが、東京で開かれるオリンピックに備えて開校した自衛隊体育学校が、オリンピック出場候補選手を育成するため特別課程の隊員を募集《ぼしゅう》した時のこと。

持病の椎間板《ついかんばん》ヘルニアのため走れず、選考会にでることができなかった。

寒い冬になると、腰《こし》が痛みだしてしまうのだ。

しかし、円谷《つぶらや》のすぐれた走りを知っていた駅伝チームのコーチ・畠野洋夫《はたのひろお》の熱心な推薦《すいせん》で、入校がかなった。

畠野《はたの》は円谷《つぶらや》を親身になって指導し、のちのメダルかくとくに導くこととなる。

体育学校入校当初は腰痛《ようつう》が治らず、満足に走れない円谷《つぶらや》にあわせた練習スケジュールを畠野《はたの》が作成。

根気よく指導し、治療《ちりょう》をつづけた。

その結果、ようやく円谷《つぶらや》はレースに復帰することができた。

１９６２年10月の日本選手権では、５０００メートルと１万メートルの両方とも大会新記録で優勝し、陸連（日本陸上競技連盟）からオリンピック強化指定選手に選ばれる。

翌１９６３年８月のニュージーランド国際競技大会。

２万メートルで２位ながらも世界記録を４秒も更新《こうしん》すると、10月の競技会でも好記録を連発。

文句なしで１万メートルの１９６４年東京オリンピック代表選手に選ばれた。

走る鬼《おに》

このころ円谷《つぶらや》は、トラック（長距離《きょり》走）の選手と見られており、マラソンを走ったことはなかった。

しかし、日本陸上競技連盟の強化本部長だった織田幹雄《おだみきお》は、円谷《つぶらや》の素質を見ぬき、スピードに着目して、マラソンを走ることをすすめた。

これまで持久力勝負のレースだったマラソンは、いまやスピード競争の時代に移ったと、世界の流れを読んでいたのだ。

コーチの畠野《はたの》はトラックにしぼるべきではないかと考えたが、円谷《つぶらや》はマラソンを走ってみたいと思った。

毎日、すさまじいほどの猛《もう》練習に打ちこむ円谷《つぶらや》。

〝走る鬼《おに》〟とよばれた。

ニュージーランド遠征《えんせい》後から東京大会まで1年以上におよぶ日々。

休日でも天気が悪い日でも、1日たりとも練習を休んだことはなかった。

その成果は円谷《つぶらや》の自信となり、やがて世界のトップランナーへと進化をとげてゆく。

１９６４年東京大会が開催《かいさい》される年の3月。

名古屋の中日マラソンではじめてマラソンに挑戦《ちょうせん》した円谷《つぶらや》は、２時間23分31秒で5位となる。

それからわずか３週間後の４月には、オリンピックの最終選考会となる毎日マラソン（現在の「びわ湖毎日マラソン」）に出場。

円谷《つぶらや》は２時間18分20秒２の好タイムで、君原《きみはら》に次ぐ2位となる。

そして、マラソンでもオリンピック代表に選ばれることとなった。

スピードのある走りに期待しての大抜擢《ばってき》である。

だが、オリンピック本番までマラソンの経験はわずか３回しかない。

さらに、初マラソンからオリンピックまでの期間は、わずか7か月しかなかった。

経験の少ない円谷《つぶらや》は、メダル候補の君原《きみはら》・寺沢《てらさわ》に次ぐ「第三の男」として、本命視されてはいなかった。

だが、いざむかえた本番では、だれもがおどろくうれしい結果となったのだ。

強すぎる責任感

東京大会で銅メダルをかくとくしたのち、円谷《つぶらや》は、

「メキシコシティーオリンピックをめざします」

と宣言した。

もちろん、次の目標は金メダルだ。

しかし、さまざまな不運に、立てつづけに見まわれることになってしまう。

円谷《つぶらや》の希望が、次つぎに打ちくだかれていく。

まず、所属する自衛隊体育学校の校長がかわった。

それまで選手育成のために許されてきた特別待遇《たいぐう》が見直されてしまう。

結婚《けっこん》しようと心に決めた女性もいて、婚約《こんやく》までしていた。

上官であるその校長は、

「次のオリンピックのほうがだいじだ。訓練に専念すべきである」

と言って結婚《けっこん》を認めなかった。

戦前の軍隊には結婚《けっこん》に上官の許可が必要だった。

だが、今ではその習慣は不当だ。

そう校長にうったえたコーチの畠野《はたの》は、とつぜん北海道への転勤を命じられた。

体育学校に入学してから、ずっとサポートしつづけてくれた畠野《はたの》コーチ。

彼《かれ》がいなくなったことは、円谷《つぶらや》にとって大きな打撃《だげき》だった。

九州・久留米《くるめ》の幹部候補生学校に入校した円谷《つぶらや》は、信頼《しんらい》できるコーチがいないなか、

「もっと練習すれば、さらに強くなれるはずだ」

と、オーバーワークを重ねた。

だがその結果、持病の腰痛《ようつう》が再発してしまう。

痛む腰《こし》をかばうためにフォームはくずれ、いいタイムはでない。

メキシコシティー大会がおこなわれる１９６８年までに再起できるだろうか。

そうなやんだ末、１９６７年の夏に椎間板《ついかんばん》ヘルニアとアキレス腱《けん》の手術をうけることを決断した。

だが症状《しょうじょう》は回復したものの、もう全盛期のような走りができる状態ではなくなっていた。

それでも、まわりのひとびとに心配をかけないように、

「手術で、もうすっかりよくなりました」

「メキシコをめざしてがんばります」

と、笑顔で言いつづけた。

本当は、まったくだいじょうぶではないことは、自分が一番よくわかっている。

どんなに練習しても、成果は上がらない。

レースに出ても、成績がまったくふるわない。

「みんなの期待にこたえなければ……」

「金メダルの約束をはたさなければ……」

走りたいという気持ちだけがあせるなか、円谷《つぶらや》は孤独《こどく》だった。

円谷《つぶらや》の決断

１９６８年、メキシコシティー大会が開催《かいさい》される年が明け、円谷《つぶらや》は故郷の須賀川《すかがわ》で、家族たちとともににぎやかな正月を過ごした。

そして、1月9日の朝。

円谷《つぶらや》は、自衛隊体育学校宿舎の自室で、冷たいなきがらとなって見つかった。

思うように走ることができなくなり、精神的に追いつめられたあげく、自らの命を絶ってしまったのだ。

まだ、27歳《さい》の若さだった。

部屋には、遺書が残されていた。

書き出しは、「父上様母上様、三日とろろ美味しうございました」。

正月のごちそうと楽しい思い出にふれ、家族や親戚《しんせき》への感謝の言葉がつづられていた。

そして、「幸吉《こうきち》は父母上様のそばで暮しとうございました」と結ばれていた。

「幸吉《こうきち》は、もうすっかりつかれ切ってしまって走れません。なにとぞお許し下さい」の言葉が新聞などで伝えられると、世間は大きな衝撃《しょうげき》をうけた。

円谷《つぶらや》の性格をよく知る関係者たちはみな、涙《なみだ》を流してくやんだ。

「がんばれ！」「次こそ金メダルだ！」——その応援《おうえん》や、国民の大きすぎる期待がのしかかり、人一倍責任感の強い円谷《つぶらや》を追いこんでしまった。

なぜ、気づいてあげることができなかったのか、と。

円谷《つぶらや》の死が変えたもの

「まじめで、責任感が強く、礼儀《れいぎ》正しい好青年」だった円谷《つぶらや》。

レースでいい結果が出せないと、

「期待にこたえられず、みんなに申し訳ないことをした」と自分を責めた。

ときには、レース後に丸坊主《ぼうず》にして頭を下げたことさえある。

当時の日本の陸上競技界、いやスポーツ界は、まだまだ根性や気合いなどが重んじられていた。

ひたすら厳しい練習を積むことこそがよしとされ、選手のメンタル面のサポートやケアなどはまったく考えられていなかったのだ。

円谷《つぶらや》の悲劇ののち、日本体育協会や各競技団体では、アスリートへのメンタルサポートやメンタルヘルスケアがおこなわれるようになった。

円谷《つぶらや》の死という昭和の苦い教訓が、スポーツを取りまく環境《かんきょう》を変え、その後の平成、令和の時代に活躍《かつやく》する後進の選手たちのなやみを救うきっかけとなったのだ。

円谷《つぶらや》の家族は、須賀川《すかがわ》の実家の横に「円谷《つぶらや》幸吉《こうきち》記念館」を開設し、栄光を物語るトロフィーや表彰《ひょうしょう》状などの品々や写真を展示した。

両親は、その部屋で息子の思い出とともに過ごし、遺書にしたためられていた「幸《こう》吉《きち》は父母上様の側で暮しとうございました」という願いをかなえた。

その後、円谷《つぶらや》家の意志を引きついだ須賀川《すかがわ》市によって、「円谷《つぶらや》幸吉《こうきち》メモリアルホール」が須賀川《すかがわ》アリーナ内に設置され、東京大会の銅メダルや使用シューズなども公開されている。

円谷《つぶらや》幸吉《こうきち》のマラソン

また須賀川《すかがわ》市では、円谷《つぶらや》の偉業《いぎょう》をたたえ、次代の選手育成もめざす「円谷《つぶらや》幸吉《こうきち》メモリアルマラソン」を、1983年から毎年開催《かいさい》している。

この大会には、円谷《つぶらや》とともに東京大会に出場した君原健二《きみはらしんじ》も、特別招待選手として毎年招待されている。

故郷の土手や道を走ることを純粋に楽しんでいた円谷《つぶらや》の思い。

それが今も息づいているのだ。

２０２０年、東京にふたたびオリンピックがやってきた。

50年以上前に散った「栄光と悲劇のメダリスト・円《つぶら》谷《や》幸《こう》吉《きち》」の短くもはげしい生きざまは、今なお日本人の魂《たましい》をゆさぶりつづけている。

【参考文献】
『栄光と孤独の彼方へ　円谷幸吉物語』青山一郎（ベースボール・マガジン社）１９８０
『オリンピックに奪われた命　円谷幸吉、30年目の新証言』橋本克彦（小学館）１９９９
『心にのこるオリンピック・パラリンピックの読みもの　２』（学校図書）２０１６

第6章

みんなを救う「スポーツの力」

パラ陸上

佐藤真海

２００４年アテネ大会　パラ陸上女子　走り幅跳び／９位
２００８年北京大会　パラ陸上女子　走り幅跳び／６位
２０１２年ロンドン大会　パラ陸上女子　走り幅跳び／９位

東京大会招致《しょうち》

走り幅《はば》とびで、パラリンピックに3大会つづけて出場し、そのたびに自己記録を更《こう》新《しん》するジャンプを見せた佐藤真海《さとうまみ》。

右足にスポーツ義足をつけて思いきり飛ぶフォームの美しさと、さわやかな「真海《まみ》スマイル」が話題になった、日本を代表するパラリンピアンの1人だ。

彼女《かのじょ》をさらに有名にしたのは、２０２０年東京大会の招致《しょうち》活動、最終プレゼンテーションでのスピーチだ。

「私がここにいるのは、スポーツによって救われたからです。スポーツは、私に人生で大切な価値を教えてくれました……」

ひと言ひと言に思いをこめて、障がい者として、また東日本大震災《しんさい》の被災《ひさい》者として、スポーツがもたらす希望の力をうったえかけた。

彼女《かのじょ》の誠実さや感謝の気持ちが伝わる笑顔でのスピーチは、おおくのひとびとの心を打ち、東京大会の招致《しょうち》成功に大きく貢献《こうけん》したのだった。

つみ取られた若葉

佐藤真海《さとうまみ》は、宮城県気仙沼《けせんぬま》市で生まれた。

５歳《さい》のときに水泳をはじめ、中学では陸上部（長距離《きょり》走）で活動するなど、スポーツが大好きで活発な少女だった。

スポーツも勉強も全力でがんばる充実《じゅうじつ》した毎日。

あこがれの大学へ進学すると、応援《おうえん》部のチアリーダーとして活躍《かつやく》し、かがやかしい学生生活を送っていた。

２００１年、19歳《さい》の真海《まみ》は、右足首に痛みを感じるようになった。

でも、チアリーダーになる夢を実現したばかりだ。

練習を休みたくない。

だが痛みはますますはげしくなる。

「もしかして、骨折してるのかも……」

と、やっと病院をおとずれたのは、数か月後のことだった。

「なんだ、これは。骨が溶けている」

レントゲンを撮《と》ったり、くわしい検査がはじまった。

骨にできるがん。

骨肉腫だ。

そして、信じられない宣告をうける。

「治療《ちりょう》がすべてうまくいっても、右足のひざから下は残せないでしょう」

まさか！　ウソでしょう！

心のなかでさけび、目の前が真っ暗になった。

あまりのショックで声もでない。

となりでいっしょに診断《しんだん》を聞いていた母が、医師にうったえた。

「ずっとスポーツをしてきたこの子にとって、足は命と同じくらいだいじなんです！」

ここにもどってきたい

足がなくなる。

泳ぐことも、走ることも、チアリーディングもできなくなってしまう。

スポーツに生きがいや喜びを感じてきた私が、スポーツを失って生きていくことができるんだろうか……。

涙《なみだ》が、わっとあふれてくる。

しかし、病気と戦う決心をかためると、大切な仲間たちに心配をかけまいと、笑顔をうかべながら報告をした。

「病院の先生は、『義足をつければなんでもできる』と言っていました。

だからチアも、またできるかもしれません。

つらいけど、ここにもどってきたいので、がんばってきます」


また、スポーツができるんだ！


そして2002年4月、右足のひざから下を手術で切断した。

さらに、つらい抗《こう》がん剤《ざい》治《ち》療《りょう》をうけ、入院から10か月後にやっと退院して大学生活にもどったが、真海《まみ》の心は落ちこんでいた。

自分が取り残されたような気持ちになった。

義足やかつらを見られることがはずかしく思えた。

人に会うのもさけるようになって、家に閉じこもり、泣く日々がつづいた。

明るい未来が見えず、どん底にいた真海《まみ》。

彼女《かのじょ》を救ったのは、大好きだったスポーツだ。

目標に向かっていっしょうけんめいがんばっていた気持ちを思い出し、まずは水泳にチャレンジ。

おそるおそる水に入り、壁《かべ》を蹴《け》る。

すると、子どものころに泳いでいた感覚がよみがえった。

「私、泳いでる！　また、スポーツができるんだ！」

やっと心が晴れ、喜びが真海《まみ》の全身を包む。

生きるということは、ただ時間を過ごすのではない。

目標をもって毎日イキイキ過ごすことなんだ――。

真海《まみ》は「スポーツの力」によって救われ、自分らしさを取りもどした。

パラリンピックを目指そう!

水泳をはじめて3か月、手術から約1年がたつと、今度は陸上競技をはじめた。

ひざに、くつ下のようなものをはき、競技用のスポーツ義足をネジでとめる。衝撃《しょうげき》を感じて思うように動かない。

でも、体全体で風を感じながら競技場を走るのは、やっぱり気持ちがいい。

「どうせスポーツをやるなら、目標がほしい。何か大会をめざしたい。そういえば、パラリンピックがあるな」

そして、走り幅《はば》とびに挑戦《ちょうせん》することを決めた。

ただ速く走るだけ、高くとぶだけではなく、助走の長さやふみきるタイミングなど、さまざまな工夫が必要な、難しい種目だ。

だからこそやりがいがあると、真海《まみ》は感じていた。

呼吸を整え、集中力を高めるとゆっくり走りだす。

リズムよく、じょじょにスピードにのり、ふみきり板を蹴《け》って思いきりジャンプ!

なるべく足をのばして、体を前にもっていき、足が着地したところにおしりをすべりこませる。

次は、もっと遠くへ……と、筋肉をきたえ、がんばって練習する。

目標をひとつずつクリアしながら上達し、記録もどんどんのびていった。

もっともっと遠くへ！

そして、右足を失ってから2年5か月。

陸上競技の練習をはじめてからわずか1年半で、パラリンピックの参加標準記録をクリアし、２００４年アテネ大会の出場をはたした。

記録は、自己ベストの３メートル95センチで９位。

わずか３センチの差で決勝進出はならなかったが、真海《まみ》の表情は明るい。

「今回は参加できただけでラッキーで、本当にいい経験になった。

各国のいろいろな選手を見て勉強になったし、トップレベルにはまだ遠いけれど、けっしてむりではないと感じることができたから」

そして、２００８年北京大会では、直前の練習で腰《こし》を痛めながらも、４メートル28センチで６位に入賞した。

変化がなければ
成長はない！

４年後のロンドン大会に向けて、さらに記録をのばすために、真海《まみ》は大きな決断をする。

これまで、もともとの左の自分の足でふみきってジャンプしていたが、そのふみきりを右の義足に変えたのだ。

実際に世界のトップジャンパーは、義足のカーボンの反発力をいかして距離《きょり》をのばしている。

だが、いままでの自分のフォームを変えるのは、簡単なことではない。

体の動きが逆になり、感覚も変わってバランスがくずれるからだ。

「変化がなければ成長はない。できることは全部やる」

と、自分に強く言い聞かせながらのチャレンジだった。

そしてロンドン大会では、４メートル70センチのジャンプで、自己記録を更新《こうしん》した。

だが、各国の選手のレベルも上がっており、決勝進出まであと１センチ届かない。

順位は９位に終わった。

そのくやしさを晴らすように、翌２０１３年４月のブラジルオープンで、５メートル２センチの日本新記録を樹立。

そして、同年７月にフランスでおこなわれた世界パラ陸上競技選手権大会で、ついに銅メダルをかくとくしたのだった。

世界を感動させた、４分間のスピーチ

会社員として働きながら競技をつづけていた真海《まみ》は、障がい者スポーツへの理解と支援《しえん》を広げる活動にも積極的に取り組んでいた。

東京オリンピック招致《しょうち》活動も、そのひとつだ。

２０２０年のオリンピック・パラリンピック開催《かいさい》地の最終候補都市は、３つ。

イスタンブール（トルコ）。

マドリード（スペイン）。

そして東京（日本）の３つにしぼられていた。

２０１３年９月７日、アルゼンチンのブエノスアイレスで開催《かいさい》される国際オリンピック委員会（ＩＯＣ）総会で、開催《かいさい》都市をどこにするかが決まる。

３つの候補都市が最後のアピールをする、だいじなプレゼンテーションで、真海《まみ》はトップバッターとして、英語でスピーチをおこなった。

「会長、そしてＩＯＣ委員のみなさま。佐藤《さとう》真海《まみ》です。

私がここにいるのは、スポーツによって救われたからです。スポーツは、私に人生で大切な価値を教えてくれました。それは、２０２０年東京大会が世界に広めようと決意している価値です」

強く、生きる

濃紺《のうこん》のジャケットに、淡《あわ》いブルーのスカーフをまいた真海《まみ》は、世界の注目が集まるなか、いつもの笑顔で語りかけた。

「19歳《さい》のときに、私の人生は一変しました。

そして、はじめて足首に痛みを感じてから、たった数週間のうちに、骨肉種により足を失ってしまいました。

もちろん、それは過酷《かこく》なことで、絶望の淵《ふち》にしずみました」

右足を切断したつらい過去をふりかえる。

言葉が詰まりそうになる。

「でもそれは、大学に戻り、陸上に取り組むまでのことでした。

私は目標を決め、それをこえることに喜びを感じ、新しい自信が生まれました」

スポーツにささえられ、救われた体験。

そのことを話すと、自然といつもの笑顔になった。

「私は、アテネと北京のパラリンピック大会に出場しました。

スポーツの力に感動させられた私は、めぐまれていると感じました。

２０１２年ロンドン大会も楽しみにしていました」

世界各地から集まったＩＯＣ委員たちは、強く生きる真海《まみ》の姿に胸を打たれ、熱心に耳をかたむけた。

佐藤真海

新たな夢と笑顔を育む
スポーツの力を感じた

「しかし、２０１１年3月11日、津波《つなみ》が私の故郷の町をおそいました」

真海《まみ》の故郷・宮城県気仙沼《けせんぬま》市が、東日本大震災《しんさい》で津波《つなみ》によって大きな被害《ひがい》をうけた様子がスクリーンに映しだされる。

家族と1週間も連絡《れんらく》が取れなかった日々をふり返り、涙《なみだ》があふれそうになる。

故郷のために何かしたい。

そう思って他のアスリートたちとともに何度も被災《ひさい》地をおとずれて、スポーツの楽しさを分かちあう活動をおこなった。

そのときのことを思っていた。

悲しみにしずんでいた大人。

希望を失った子どもたち。

だが、少しずつ笑顔を見せて、元気を取りもどしていく。

「そのときはじめて、私はスポーツの真の力をまのあたりにしたのです。

新たな夢と笑顔を育む力。

希望をもたらす力。

ひとびとを結びつける力。

私たちが目にしたものは、かつて日本では見られなかったオリンピックの価値がおよぼす力です」

震災《しんさい》からの復興をめざす日本でオリンピック・パラリンピックを開催《かいさい》する意義を、いっしょうけんめいうったえた。

「そして、日本がまのあたりにしたのは、これらの貴重な価値、『卓越《たくえつ》・友情・尊敬』が、言葉以上の大きな力をもつということです」

願ったものは、
ひとつの幸福

『卓越《たくえつ》・友情・尊敬』は、オリンピックの３つの価値を表す言葉だ。

たとえ障がいを持っていても、そして被災《ひさい》地にいても、「スポーツの力」がひとびとを笑顔にして、生きる喜びをあたえてくれる……。

ときには胸に手をあてながら、ひと言ひと言かみしめるように、気持ちをこめて、約４分間、真海《まみ》は話しつづけた。

つらい経験を「スポーツの力」で乗りこえ、被災《ひさい》者に応援《おうえん》されてロンドン大会にも出場した彼女《かのじょ》の言葉。

彼女《かのじょ》のスポーツへの思いが、ＩＯＣ委員たちの心を、つかんだ。

真海《まみ》のスピーチは大成功だった。

このスピーチが追い風となり、続くフェンシングの太田雄貴《おおたゆうき》選手や、安倍《あべ》首相らによるアピールもスムーズで、よい評価を得ることができた。

そして数時間後。ＩＯＣのジャック・ロゲ会長に注目が集まる。いよいよ発表――。

「ＴＯＫＹＯ」

ＩＯＣ委員の投票によって、オリンピック・パラリンピックの開催《かいさい》都市が「東京」に決まったのだった。

その瞬間《しゅんかん》、真海《まみ》をはじめ、日本からおとずれていた招致《しょうち》メンバーたちは歓喜《かんき》にわき立った。

そして大きな喜びは、アルゼンチンとはちょうど地球の反対側に位置している、早朝の日本にも届いた。

谷真海《まみ》として復帰

その最終プレゼンテーションの翌年、２０１４年に結婚《けっこん》した真海《まみ》は、男の子を出産して母になった。

「東京大会には、なんらかの形で参加したい」

そして「谷真海《まみ》」として競技活動に復帰。

２０１６年からはパラトライアスロンという新たな挑戦《ちょうせん》をはじめた。

パラトライアスロンは、２０１６年リオデジャネイロ大会から、新たにパラリンピックの正式競技となった。

スイム（水泳）０・75キロ、バイク（自転車）20キロ、ラン（ランニング）５キロ、あわせて25・75キロのタイムで競われる。

走り幅《はば》とびは跳躍《ちょうやく》する距離《きょり》をのばす瞬発《しゅんぱつ》系の競技だが、トライアスロンはタイムを縮める持久系の競技だ。

転向を決めた理由は、「長くつづけられる競技だと思ったから」だ。

佐藤真海

だが、スイムとバイクとラン、３つの種目の練習をうまくこなさなければならない。

しかも、長距離《きょり》走はできても、水泳や自転車は、まったくの初心者だ。

スイムは足の長さが左右で異なるうえ、バイクとランでは義足をつける。

体の芯《しん》がしっかりしていないとブレてしまうため、体幹の強さがいっそう求められる。

練習は想像していた以上にハードだ。

だが、それを「壁《かべ》」だと感じず、「やりがい」だと思うところが、真海《まみ》らしさだ。

２０１７年９月。

オランダで開催《かいさい》されたパラトライアスロン世界選手権に初出場すると、運動機能障がいＰＴＳ４クラスで、２位の選手に32秒もの差をつけて優勝した。

本格的な挑戦《ちょうせん》をはじめてまだ1年目で、日本人選手としてはじめて世界選手権の頂点に立ったのだ。

現役のアスリートとして競技に打ちこむ一方で、真海《まみ》は震災《しんさい》復興やパラスポーツの普及《ふきゅう》と発展、アスリート育成のための活動をつづけている。

おおくのひとびと、とくに子どもたちに、ふつうにスポーツを楽しむ感覚で、パラ競技を見てほしい。

そして、障がいへの「心の壁《かべ》」を取りのぞいてもらいたいと思っている。スポーツを通じて、障がいだけでなく、国籍《こくせき》や人種などの壁《かべ》も一気になくしてくれる魅力《みりょく》が、パラスポーツにはあるからだ。

最後まであきらめない

そして現在、真海《まみ》は四度目となるパラリンピック、２０２０年東京大会の出場をめざしている。

自分が招致《しょうち》に大きくかかわった自国開催《かいさい》の大会だけに、思いは強い。

しかし、パラリンピックの実施《じっし》種目では真海《まみ》のＰＴＳ４クラスが除外され、障がいの程度が軽いクラスとの混合種目という形でおこなわれることが決まった。

いわば、ハンデなしの無差別級のようなもの。

条件はきびしいが、

「最後までできることをやらないと、必ず後悔《こうかい》する」

あきらめず、自分のレベルを引きあげる努力をするのが真海《まみ》なのだ。

「『この一歩をこえられたら、また成長のチャンスがあるよ！』と、自分に言い聞かせています。

それこそが、スポーツが教えてくれた、もっとも大きなことですね。

自分の新しい可能性やのびしろを感じられるのだから、挑戦《ちょうせん》がある人生って、やっぱり楽しいですね」

トライアスリート（トライアスロン選手）の真海《まみ》は、「スポーツの力」を信じて泳ぎ、こぎ、走りつづける。

息子の、「ママ、がんばれ～！」という大きな声援《せいえん》も力にしながら。

【参考文献】

『とぶ！夢に向かって　ロンドンパラリンピック陸上日本代表・佐藤真海物語』佐藤真海（学研教育出版）2012

『心にのこるオリンピック・パラリンピックの読みもの　3』（学校図書）2016

第7章

たった一度のチャンスでつかんだ、汗と涙の金メダル

柔道

山下泰裕

1984年ロサンゼルス大会　柔道　無差別級／金

オリンピックで優勝し　空を見上げたい

柔道《じゅうどう》家・山下泰裕《やましたやすひろ》の、公式戦での通算戦績はおそろしいほどだ。

「５５９戦５２８勝16敗15引きわけ」

引きわけをのぞくと、勝率は97パーセントと、圧倒《あっとう》的な強さをほこった。

１９８５年に現役を引退するまでの7年半の間は、２０３連勝。

外国人選手には、一度も負けたことがない。

日本じゅうの期待を背負い戦いつづけた「史上最強の柔道《じゅうどう》家」ともよばれる山下《やました》。

だが、彼《かれ》が夢のオリンピックに出場できたのは、たった1回だけだった。

痛む足を引きずりながら戦いぬき、決勝戦で勝利が決まった瞬間《しゅんかん》。

彼《かれ》の流した涙《なみだ》はおおくのひとびとを感動させ、記憶《きおく》に残る名シーンとなった。

１９８４年、アメリカのロサンゼルスでおこなわれたオリンピック。

27歳《さい》の山下泰裕《やましたやすひろ》は、柔道《じゅうどう》無差別級に出場した。

全日本柔道《じゅうどう》選手権大会を8連覇《れんぱ》中の山下《やました》には、当然金メダルの期待がかかる。

日本選手団の主将もまかされており、注目の大きさもプレッシャーとなっていた。

緊張《きんちょう》感が高まるなか、山下《やました》は思った。

「なんとしても、自分の夢を実現したい。

自分のやってきたことが正しかったということを証明したい」

中学3年生のときの作文に、

「オリンピックで優勝し、メインポールのまん中に日の丸をあげ、君が代の演奏を聞きながら、空を見上げたい」

と書いていた。そのチャンスが、まさに今、目の前にあるのだ。

右足の内股《うちまた》をしかける瞬間《しゅんかん》

8月11日、いよいよ無差別級の試合がはじまった。

1回戦でセネガルのコーリーをわずか27秒であぶなげなくしとめた山下《やました》。

だが、続く2回戦で大きなトラブルにみまわれてしまう。

対戦相手は、西ドイツのアルトゥール・シュナーベル。

強敵である山下《やました》をおそれて腰《こし》を引くシュナーベルの腕《うで》を自分に引きつける。

内股《うちまた》をしかけようとしたその瞬間《しゅんかん》。

右足にはげしい痛みを感じた。

山下《やました》の柔道《じゅうどう》は、左手で相手のえりをとって、右手で相手のそでをにぎる「左組み手」である。

そうすると、技をかけるときのじく足は、基本的に右足となる。

柔道《じゅうどう》の生命線ともいえるだいじな右足のふくらはぎが、肉ばなれを起こしてしまったのだ。

しかし、試合はまだつづいている。

右足を痛めたことを相手に知られてしまうと、そこをねらって攻《せ》められるかもしれない。

山下《やました》は痛みをこらえ、平静をよそおいながら、シュナーベルが背負い投げをかけてきたところをつぶしてのしかかった。

送りえりじめで「まいった」をさせて、一本勝ちを決めた。

だが右足は、畳《たたみ》に足をつけるだけでも痛む。

だれにも気づかれないようにと、必死に痛みをこらえ、足を引きずらないように歩く山下《やました》だが、そのヒョコヒョコした歩き方はどう見ても不自然だった。

監督《かんとく》やコーチはもちろん、見守る観客、そして次の対戦相手にも、山下《やました》が足を痛めたことは明らかにわかった。

攻《せ》められる右足

次の試合、準決勝の相手は、フランスのデル・コロンボ。

これまでの対戦で、すべて一本勝ちしてきた。

やりやすいはずの相手。

だが、デル・コロンボは山下《やました》の右足を攻《せ》めてきた。

ケガさえしていなければ、反射的に右足を引くことができる。

しかし、ふんばりのきかない右足へまともに技をしかけられた山下《やました》は、後ろ向きにたおれてしまった。

畳《たたみ》に落ちる直前に体をうまくひねって、なんとか一本をとられずにすむ。

だが「効果」をとられた。

外国人選手からポイントをとられたのは、これがはじめてのことだった。

「あのヤマシタが、外国人との試合ではじめてポイントをうばわれた」

まさかの展開に、観客席がどよめく。

本来の山下《やました》らしい柔道《じゅうどう》が、まったくできていなかった。

このピンチに、山下《やました》は動揺《どうよう》した。

だが、「負けてしまうかもしれない」という弱い気持ちや不安をふりはらった。

「おれは金メダルをとるためにここへ来たんだ。
これくらいのケガで、負けてたまるか！」

強気を取りもどして、何度も大外刈《が》りをくりだした。

それをかわそうとしたデル・コロンボが、左足を引いて右足に重心をかけた瞬間《しゅんかん》。

その右足をねらって大内《おおうち》刈《が》りをはなった。

「技あり！」

そこをすかさず、横四方固めでおさえこむ。

寝技《ねわざ》は、山下《やました》の得意技だ。

25秒がすぎ、あわせ技で一本勝ちだ。

山下泰裕

こうして決勝に勝ち進んだ山下《やました》だが、右足の痛みは、さらにましていた。

高校1年生で、インターハイ優勝せよ

熊本県で生まれ育った山下泰裕《やましたやすひろ》。

柔道《じゅうどう》をはじめたのは、９歳《さい》（小学校3年生）のときだ。

小さいころから体が大きくて力も強く、そのうえ動きも速かった山下《やました》は、小学生なのに年上の中学生を負かしたことで注目を集めた。

県大会で連覇《れんぱ》をつづけている強豪《きょうごう》の藤園《とうえん》中学校に進んで、きびしい練習をつづけ、柔道《じゅうどう》の基礎《きそ》をしっかりと教えこまれた。

柔道《じゅうどう》部の監督《かんとく》である白石礼介《しらいしれいすけ》先生からは、「体重や力にたよって相手を投げる柔道《じゅうどう》」ではなく、「よく動いて足を使い、相手をくずしてから投げる柔道《じゅうどう》」を教えられた。

このことが、世界で戦ううえで、大いに役立つことになる。

外国人選手など、自分より体の大きい相手に勝つには、力まかせではなく、すばやい動きや技をかけるタイミングのとりかたが、より重要となるからだ。

そして、白石先生から、２つの高い目標を課せられた。

「高校１年生で、インターハイ優勝」

「高校３年生で、全日本柔道《じゅうどう》選手権大会出場」

さらに、

「柔道《じゅうどう》が強いだけではだめだ。頭も強くなければ。『文武両道』だ。学問にも武芸にもはげんで、立派な人間になれ」

と、人間としての生き方を教えられた。

その後、白石先生は九州学院高校の柔道《じゅうどう》部監督《かんとく》となり、山下《やました》も同じ高校に進学した。

そして、最初の目標だった「高校１年生で、インターハイ優勝」を、みごとに達成した。

やがて山下《やました》は、神奈川県の東海大学付属相模高校に転校した。ここで山下《やました》は、東海大学柔道《じゅうどう》部員とのきびしい練習にはげむことになった。

もちろん最初は、大学生の先輩《せんぱい》たちに負けてばかりだ。

だが、日に日に手ごたえを感じ、練習を通じて勝つことも増えていった。

２つめの目標「高校３年生で、全日本柔道《じゅうどう》選手権大会出場」は、なかなか難しいものだった。

全日本選手権は、全国のトップ選手たちがきそう、日本で最高の柔道《じゅうどう》の大会だ。

この大会にでるためには、まず神奈川県の予選を勝ちぬき、さらに関東地区の予選会で3位以内に入らなくてはならない。

対戦相手は大学生や、警察官など社会人の強者ぞろいだ。

大学生たちとの練習の成果があらわれ、着実に力をつけた山下《やました》は、１９７５年全日本柔道《じゅうどう》選手権大会への出場を決めた。

そして、17歳《さい》の高校生ながら3位入賞というりっぱな成績を残したのだった。

山下《やました》は、翌年におこなわれる１９７６年モントリオール大会に出場することを夢見ていたが、結果は補欠。その４年後の１９８０年モスクワ大会を次の大きな目標にかかげて、練習にはげんだ。

スポーツと政治は、別ものなのに

ところが、日本はモスクワ大会に参加しないことを決めた。

そのころ、ソ連の「アフガニスタン侵攻《しんこう》」が、国際的な問題となっていたのだ。

１９７９年12月、アフガニスタンに侵攻《しんこう》をはじめたソ連の軍隊に対して、アメリカは反発し、撤退《てったい》するよう求めた。

もし軍事介入をつづけるのなら、モスクワ大会をボイコットする（参加しない）と宣言したのだ。

アメリカは世界各国にも不参加をよびかけた。

そして日本政府も、アメリカに同調する方針をかためたのだった。

スポーツと政治はまったく別のものであり、オリンピックを政治的に利用することは、本来あってはならないことだ。

オリンピックへの参加をめざして、長い年月をかけて努力してきた選手たちの活躍《かつやく》の場が、うばわれることになってしまう。

日本政府がボイコットを決めたとしても、派遣《はけん》団体である日本オリンピック委員会（ＪＯＣ）は選手のことをわかってくれるかもしれないと考え、選手たちはわずかな可能性にかけた。

１９８０年４月。

ＪＯＣのある東京の岸記念体育会館に集まったオリンピック出場候補選手たちは、モスクワ大会に参加したいと、みな涙《なみだ》を流して強くうったえたのだ。

もちろん山下《やました》も、言葉に力をこめて発言した。

「ぼくが小学校1年のときに、東京オリンピックが開催《かいさい》されました。

選手のみなさんが力を出しきり、日の丸がまん中にあがったときは、子ども心にも胸がふるえました。

あのとき、将来は自分がオリンピックにでるとちかいました。

その気持ちを糧《かて》に、今日までがんばってきたのです」

山下《やました》は当時22歳《さい》。

心技体ともに充実《じゅうじつ》した成熟期をむかえ、出場すれば、実力からして金メダルは確実だとまで言われていた。

だが、その1か月後。

日本のボイコットが正式に決まってしまったのだった。

重なる悲運

その翌日は、皮肉なことに、モスクワ大会の日本代表を決める大会だった。

選手たちは大きなショックをうけ、くやしく悲しい思いで、むなしい試合にのぞむことになった。

山下《やました》は、この大会で相手のカニばさみから体をひねってのがれようとしたとき、足を骨折してしまった。

「ボキッ、ボキッ」

山下《やました》には、自分の足の骨が折れる音が聞こえた。

左足くるぶしの外側、腓骨《ひこつ》を骨折し、全治３か月。

オリンピックへの夢を絶たれたうえ、足も折れて動かない。


そんなどん底にありながらもリハビリにはげみ、１年近くかけて足を治した。

そして１９８１年の全日本柔道《じゅうどう》選手権大会で優勝すると、世界選手権では95キロ超《ちょう》級と無差別級の２階級を制覇《せいは》。

その勢いのまま、１９８２年〜１９８４年の全日本柔道《じゅうどう》選手権大会を優勝。

８連覇《れんぱ》を達成し、ついにロサンゼルス大会の代表に文句なく選ばれたのだった。

これが、最初で最後のオリンピックだ。

みなぎっていた殺気

ロサンゼルスオリンピック、柔道《じゅうどう》無差別級。
決勝の相手に決まったのは、エジプトのモハメド・ラシュワン。
身長１９２センチ、体重１４０キロの巨漢《きょかん》だ。
身長１８０センチ、体重１２５キロの山下《やました》より、ひと回りもふた回りも体格が大きい。
ラシュワンもまた、決勝まですべて「一本」で勝ち上がってきていた。
試合の直前に、山下《やました》は控室《ひかえしつ》でラシュワンに会った。
目が合ったラシュワンに、にっこりとほほ笑みかけると、相手も笑顔で応じた。
そのとき、ラシュワンの体にみなぎっていた殺気がぬけたように感じた山下《やました》は、
「よし、いける」と勝利を直感した。
決勝の試合がはじまると、ラシュワンが先にしかけてきた。
山下《やました》が痛めている右足を攻《せ》めてくる。

山下《やました》が冷静に引いてかわすと、こんどは左足をねらい、得意の払《はら》い腰《ごし》で攻《せ》めてきた。

その瞬間《しゅんかん》、山下《やました》は、痛めている右のじく足とは逆の左足をじくにして、ラシュワンをたおした。

これまでの練習でまったくやったことのない動きだったが、体が自然に反応した。

ラシュワンの体が畳《たたみ》にくずれ落ちると、すかさずおさえこみの体勢に入る。

ここまで試合開始からわずか15秒という、早い展開だ。

ラシュワンは必死に足をからませて、のがれようとする。

だが、がっちりと決まった山下《やました》の寝技《ねわざ》からのがれられる者はいない。

30秒がすぎたところで、主審《しゅしん》の「一本!」の声。

同時に、終了《しゅうりょう》のブザーが鳴りひびいた。

試合開始から1分5秒、横四方固めで、山下《やました》は一本勝ちをおさめた。

その瞬間《しゅんかん》、山下《やました》は両手で畳《たたみ》を力強くバンッとたたいて立ちあがり、両腕《うで》をつきあげ、天井を見上げた。

感極まってくしゃくしゃになった表情、目には涙《なみだ》が光っている。

ついに山下《やました》は、念願のオリンピックで、柔道《じゅうどう》の頂点に立ったのだ。

礼をしたあと、ラシュワンとかたくだきあう。

山下泰裕

痛む足を引きずりながら畳《たたみ》からおりる。

観客は立ち上がって拍手《はくしゅ》し、日の丸の旗をふって、山下《やました》の健闘《けんとう》をたたえた。

表彰《ひょうしょう》式では、痛む右足を引きずりながら表彰《ひょうしょう》台の一番高いところへ上がろうとした山下《やました》の手を、決勝で戦ったエジプトのラシュワンがしっかりとささえた。

ライバルであると同時に、同じ競技にはげむ仲間の、痛む足を気づかったのだ。

世界の頂点で戦った者どうしの友情が、そこにあった。

会場には君が代が流れ、目の前では日の丸が一番高く掲揚《けいよう》された。

「オリンピックで優勝し、メインポールのまん中に日の丸をあげ、君が代の演奏を聞きたい」

かつて、中学校3年生の自分が作文に書いたとおりの光景。

それが、そのまま現実となった。

遠く、苦しかった夢

だれもが試合前から勝利を確信するほどの圧倒《あっとう》的な強さを持つ山下《やました》。

だが、オリンピックで金メダルをかくとくするのは簡単なことではなかった。

オリンピックへの参加は、一度目は補欠で届かず、二度目は幻《まぼろし》に終わった。

そして三度目の挑戦《ちょうせん》ではじめて出場がかなった今回。

無差別級は、この大会を最後にオリンピック種目からはずされる。

これが、最初で最後のオリンピックと、山下《やました》は決めていた。

気持ちをふるい立たせてつかんだ金メダル。

肉ばなれで痛む足を引きずりながら、あきらめなかった。

だからこそ、日本じゅうに感動をよんだのだ。

それだけの重みがある金メダル。

胸にした山下《やました》の笑顔は、汗《あせ》と涙《なみだ》でびっしょりぬれて光りかがやいていた。

自分は柔道《じゅうどう》が好きだ

中学生のときの作文に、

「自分は柔道《じゅうどう》が好きだ。柔道《じゅうどう》を世界に広めたい」とも、山下《やました》は書いていた。

28歳《さい》で現役を引退したのち、山下《やました》は指導者になった。

全日本柔道《じゅうどう》チームの監督《かんとく》・コーチもつとめた。

そして現在、柔道《じゅうどう》を通じた国際交流活動に力を入れている。

数おおくの試合にのぞみ、勝利を重ねてきた山下泰裕《やましたやすひろ》。

そのなかでも、１９８４年ロサンゼルス大会での勇姿《ゆうし》は格別なものとして、今なお世界じゅうのひとびとの心に強く残っている。


【参考文献】

『心にのこるオリンピック・パラリンピックの読みもの　３』（学校図書）２０１６
『背負い続ける力』山下泰裕（新潮社）２０１２

第8章

真心をつらぬいた、誇り高き〝名花〟

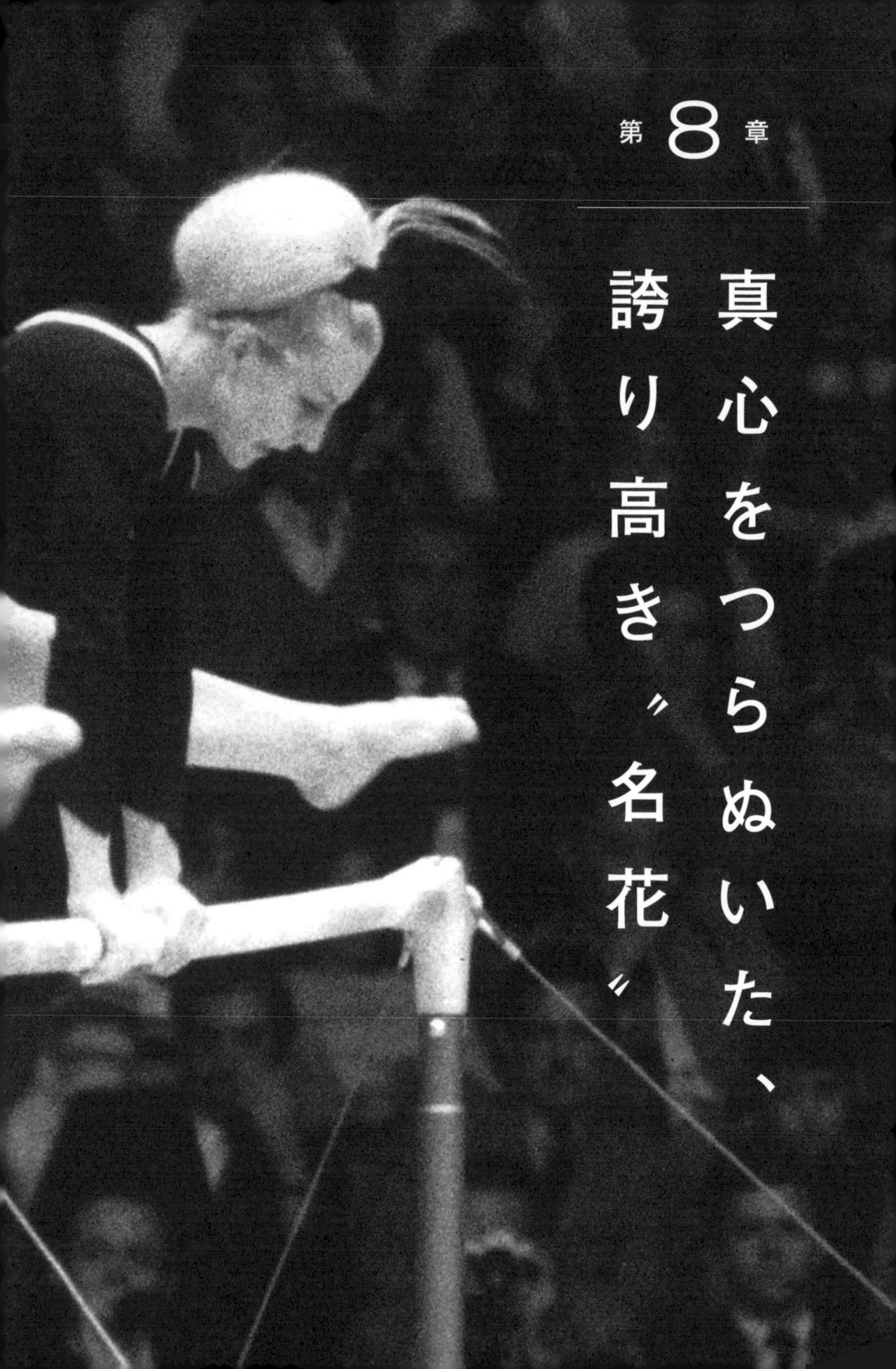

体操

ベラ・チャスラフスカ

１９６０年ローマ大会　体操女子／銅

１９６４年東京大会　体操女子／金３個、銅１個

１９６８年メキシコシティー大会　体操女子／金４個、銅２個

東京の名花

オリンピックではこれまで、大会を象徴《しょうちょう》する「アイドル」や「ヒロイン」とよばれる女子選手が数おおく生まれてきた。

観る人の数だけ「アイドル」は存在するかもしれないが、そのなかでも、何十年にもわたっておおくの人に愛されつづける選手には、ひとつの共通点がある。

それは、競技成績や外見だけでなく、その人のもつ信念や生き方が並はずれてかがやいて見えることだ。

１９６４年東京大会。

「東京の名花」とうたわれて人気をさらった選手がいた。

さらに、１９６８年メキシコシティー大会では前回とまったくちがう表情と演技で世界中に大きなインパクトをあたえた選手。

彼女《かのじょ》の名前は、ベラ・チャスラフスカ。

ベラ・チャスラフスカ

世紀をこえて記憶《きおく》に刻まれつづけるそのわけとは……。

１９６４年、現在のチェコである、チェコスロバキアの代表として、22歳《さい》のチャスラフスカが東京オリンピックに出場した。

ゆたかな金髪《きんぱつ》。

ハリウッド女優にもたとえられるような、美しい顔立ち。

はなやかな笑顔をもつ彼女《かのじょ》は、たたずんでいるだけで十分に印象的だった。

演技はそれ以上に観客の目をくぎ付けにした。

しなやかでダイナミックな動き。

だいたんでありながら正確な技術。

当時まだ女子選手で成功した者がなかったウルトラＣの難技「山下《やました》とび」のほか、

男子選手たちがおこなう大技を自分流にアレンジし、次つぎに成功させていく。

この大会でチャスラフスカは、世界大会４連覇《れんぱ》中のラリサ・ラチニナをやぶった。

個人総合をふくむ３つの金メダルにかがやいて体操の女王となった。

「東京の名花」というよび名は、真っ赤なレオタードを着た彼女《かのじょ》がマット上に咲《さ》くバラの花のように見えたことからついた名だ。

喜んでくれる人がいるなら

彼女《かのじょ》の人がらが明らかになるきっかけとなった出来事がある。
個人総合で金メダルをとった翌日、種目別競技でのひとつのミスがあった。
それは段ちがい平行棒。
チャスラフスカがもっとも得意な演技だ。
だが、チャスラフスカは棒から棒へ飛び移るはなれ技に失敗し、落下してしまう。
個人総合の女王の大失敗に、観客の悲鳴がひびきわたった。
これでこの種目での金メダルの可能性はなくなった……。
だが、演技の山場はこの後だった。
緊張《きんちょう》感に静まり返った会場。
チャスラフスカは落ち着きはらった表情で競技を再開した。
おこなったのはなんと、失敗したはなれ技への再挑戦《ちょうせん》。
ふつう、選手が技を失敗すると、その次の演技から競技を再開する。

ただでさえ失敗で動揺《どうよう》しているのだ。
再挑戦《ちょうせん》してふたたび失敗すれば、そのダメージははかり知れない。
なにより、たとえ成功させても点数には結びつかない。
リスクが大きく、プラス要素の少ない再挑戦《ちょうせん》をする選手はまずいない。
しかし、チャスラフスカはそれをやってのけた。
今度は完璧《かんぺき》だった。
ピタリとフィニッシュが決まる。
大きな笑顔で手を振ったチャスラフスカ。
観客は総立ちになって拍手《はくしゅ》をおくった。
たとえメダルに届かなくても、自分のほこりのために。
そして、期待してくれる観客にこたえるために。
「喜んでくれる人がいるなら」
これが、チャスラフスカの体操の原動力だった。

チャスラフスカの少女時代のこと。
彼女《かのじょ》はバレエの才能を認められ、さまざまな場所でダンスを披露《ひろう》していた。

演技が役に立つのなら
死ぬまで踊ってもいい

ある日、チャフラフスカは体の不自由な子どもたちの施設《しせつ》で踊ることになった。

自分と同じ年ごろの子どもたちが、車いすや義足にたよって生活している。

その姿をみて、自分が健康な足を持っていることがはずかしくなった。

私が踊ることで、それができない子どもたちを傷つけてしまうかもしれない……。

でも子どもたちは、彼女《かのじょ》の踊りに大喜びしてくれた。

何度もアンコールをせがんでくる子どもたちの、キラキラしたひとみ。

チャスラフスカは思った。

「私の演技が役に立つのなら、死ぬまで踊ってもいい」

この体験が、チャスラフスカのささえとなっていたのである。

だから、楽しみにしてくれている東京大会の観客にも、再挑戦《ちょうせん》してでもよい演技を見せたかったのだ。

その思いは観客に伝わっていた。

ベラ・チャスラフスカ

上手なだけではなく、たぐいまれな精神力をもった、心の温かい選手。

チャスラフスカの内に秘めた強さと美しさ。

それを、ひとびとがまのあたりにした瞬間《しゅんかん》だった。

平和な家庭の3番目

ベラ・チャスラフスカは、平和な家庭に、4人きょうだいの3番目として生まれた。

いちばんのやんちゃ娘《むすめ》で、いつもちょろちょろと動き回っていた。

「ヘビのしっぽ」というあだ名がつけられたほどだった。

とんだりはねたり高い所にのぼったりするのが大好き。

いつも大人たちをハラハラさせていたが、陽気なベラは家族の人気者だった。

14歳《さい》で体操をはじめると、めぐまれた才能と努力で国のトップ選手へと成長し、1960年、18歳《さい》でローマ大会に出場する。

まだ演技にムラのあったチャスラフスカは個人種目8位に終わってしまった。

そんな彼女《かのじょ》の目にまぶしくうつったのが、団体金メダルにかがやいた日本男子選手たちだった。

彼《かれ》らの体操の美しさ、心の強さ、自然体でひかえめな態度。

そのどれもがチャスラフスカにとって理想的だったのだ。

日本選手たちはチャスラフスカにおしみなくさまざまなことを教え、彼女《かのじょ》はどんどん新しい技をマスターしていった。

そして、１９６４年東京オリンピックでひとびとを魅了《みりょう》したのだった。

日本はもうひとつの故郷

チャスラフスカはその後、何度も日本をおとずれている。

１９６５年に演技会をするために来日した。

そのときは、チャスラフスカは故障をかかえ万全な状態ではなかった。

しかし移動につぐ移動というハードスケジュールのなか、彼女《かのじょ》は東京大会にもおとらぬほどのすばらしい演技を見せただけでなく、どこへ行ってもむらがってくる大勢のファンからのサインの求めに笑顔でこたえつづけた。

「この人は、どんなことにも決して手をぬかず、いつも全力なんだ」

チャスラフスカとともに過ごした通訳や関係者は舌をまいた。

「観てくれるファンのために、私はいつも力いっぱい演技をしたい」

これがチャスラフスカの信念だ。

競技からはなれたところでも、喜んでくれる人のために力をつくしたい。

その姿勢に変わりはないのだった。

日本のひとびとは、チャスラフスカのことをどんどん好きになった。

チャスラフスカにとっても日本は、「第二の故郷」といえるほど大好きな国になっていった。

順風満帆《じゅんぷうまんぱん》にみえたチャスラフスカの人生が一変したのは、１９６８年のこと。

この年の１月、母国チェコスロバキアに、大きな政治的変化がおこった。

「プラハの春」とよばれる、自由化の動きだ。

チェコスロバキアは社会主義国で、政府の統制が厳しく、国民は自由の少ない生活をしいられてきた。

しかしこの年、新たな政府が自由化にむけた改革をはじめたのだ。

この動きにおおくのひとびとが賛成した。

チャスラフスカもその1人だった。

国民は、

「もう政府にしばられずに、自立したよりよい生活ができる」

と明るい未来を思いえがいた。

大国ソビエト連邦の軍事行動

ところが、この動きはすぐに、大きな力によってつぶされてしまう。

つぶしたのは、同じ社会主義国の大国、ソ連だ。

チェコスロバキアの自由化によってソ連は自国も影響《えいきょう》をうけることをおそれた。

軍隊をさしむけ、チェコスロバキアを力づくでもとの社会主義にもどそうとしたのだ。

大国・ソ連の軍事行動。

小さなチェコスロバキアが太刀打ちできるはずはなかった。

ベラ・チャスラフスカ

首都プラハの街はソ連の戦車でうまり、大勢の死者やケガ人が出た。

自由化に賛成していたひとびとへの弾圧《だんあつ》がはじまり、チャスラフスカはその弾圧《だんあつ》をのがれて姿を消した。

メキシコオリンピックが開幕する2か月前のことだった。

チェコスロバキアの政変のニュースは世界中に広まり、チャスラフスカが行方不明になったことも報じられた。

女王の演技を楽しみにしていたおおくのひとびとが彼女《かのじょ》の安否を心配した。

オリンピックが近づき、各国の選手たちが現地入りするなか、なかなか姿をあらわさないチェコスロバキア代表。

「チャスラフスカはもう殺されているのかもしれない」

などといううわさも流れたが、ついに開幕直前になって、チェコスロバキア代表がメキシコに到着《とうちゃく》した。

チャスラフスカもいた。

しかし、その表情は、以前とはまるで別人のようにかたいものだった。

姿を消していた間、チャスラフスカは山奥《やまおく》の小屋にかくまわれていた。

石炭を運んで筋肉をたもつ努力をしたり、木の枝などを体操用具に見立てて練習をしたりしながら、彼女《かのじょ》は、

「自由を願うチェコスロバキアのひとびとのためにも勝たなければ」

と強い闘志《とうし》をもやしていた。

山での生活の苦労と、母国を思う固い決意が、その表情には表れていたのだ。


大会がはじまった。

試合会場に姿を現したチェコスロバキア選手たちのレオタードの色は、黒。

まるで、おおくの犠牲《ぎせい》者を出した祖国を思う喪服《もふく》であるかのように、観客の目には映った。

チェコスロバキアの花束

女子体操の注目は、ソ連の新星・クチンスカヤと女王・チャスラフスカの対決だ。

かわいらしくて才能ゆたかな19歳《さい》のクチンスカヤ。

「メキシコの恋人《こいびと》」とよばれて人気を博していた。

しかし、チャスラフスカの決意に満ちた演技は、だれよりも正確で、力強かった。

演技をする彼女《かのじょ》の脳裏には、たくさんの姿があった。

歴史ある建物に刻まれた弾痕《だんこん》。

ソ連軍に立ち向かって犠牲《ぎせい》になったひとびと。

出国直前に「絶対に勝ってちょうだいね」と言いながら小さな花束を、彼女《かのじょ》の手ににぎらせてきた見知らぬ老婦人……。

たくさんの、ほこりを捨てないチェコスロバキアのひとびとの姿があった。

「チェコスロバキア国民はくじけないということを、世界にしめす」

チャスラフスカの気迫《きはく》は審判《しんぱん》団を圧倒《あっとう》した。

その思いは画面をつらぬいて、世界のひとびとにも伝わった。

彼女《かのじょ》はこの大会で、個人総合をふくむ４つの金メダルをかくとくした。

個人で出場したうち、ただひとつ銀メダルとなった種目は平均台。

優勝はクチンスカヤだった。

この種目の表彰《ひょうしょう》式で、チャスラフスカは、ある印象的なふるまいをする。

静かな抵抗《ていこう》

表彰《ひょうしょう》式ではメダルかくとく者それぞれの国旗がかかげられ、金メダルの選手の国歌が流される。

このとき選手たちは国歌と国旗に敬意を表して、国旗を見上げるのがふつうだ。

しかし、クチンスカヤの母国であるソ連の国歌が流れはじめると、チャスラフスカはソ連の国旗から目をそらし、ななめ下に顔をそむけたのである。

オリンピックでは、選手が政治的なメッセージを発信することを禁止している。そむいた選手はオリンピック追放という、厳しい罰《ばつ》を課されることもある。げんにこの大会では数日前、アメリカの黒人選手が表彰《ひょうしょう》台で人種差別に反対するパフォーマンスをおこない、追放されるという出来事があったばかりだ。

しかしチャスラフスカのこの行動は、ぎりぎりのところで問題にはならなかった。チェコスロバキア人のほこりと、平和への願いをあらわした「静かな抵抗《ていこう》」として、のちのちまで語りつがれる名シーンとなったのである。

信念は、曲げない

だが、メキシコ大会後、チェコスロバキア政府はソ連の言いなりとなってしまう。

自由化の動きに対する弾圧《だんあつ》がますます強くなった。

有名人であるチャスラフスカには、とくに強い圧力がかかった。

しかし、おおくのひとびとが自由化に賛成する発言を撤回《てっかい》していくなか、彼女《かのじょ》が信念を曲げることはなかった。

「だれに何を言われても、自分の心にうそをつくことだけはできない」

国のほこりだったはずの世界女王。

だが、政府は、彼女《かのじょ》を体操からも社会からも追放してしまう。

それまで友達だったひとびとは、弾圧《だんあつ》のまきぞえになるのをおそれて、彼女《かのじょ》に背を向けた。

それでもチャスラフスカはくっしなかった。

チェコの自由化が実現されたのは、１９８９年。

ソ連の軍隊がプラハの街をうめつくしてから21年。

そのあいだ、チャスラフスカは信念をつらぬきとおしたのだった。

新時代のために

チャスラフスカは新政府にむかえられて、国民の声を聞く仕事についた。

国民の要望は際限がなく、とてもさばききれるものではなかった。

それでもチャスラフスカは、寝《ね》る間もおしんで全員の声に耳をかたむけ、願いをかなえようとした。

すべてに対して全力をつくすチャスラフスカの美点。

しかし、それが彼女《かのじょ》をつかれさせ、彼女《かのじょ》自身を追いつめる刃《やいば》になった。

１９９０年代なかばに家族が大きな不幸におそわれ、マスコミの批判にさらされたとき、ついに彼女《かのじょ》の心は動きを失った。

彼女《かのじょ》は社会とのつながりをいっさい断って自分の世界に引きこもった。

いつ回復するのか、はたして回復することはあるのか、だれにもわからなかった。

震災《しんさい》の翌日に届いたファックス

２０１１年３月11日、大震災《しんさい》が日本をおそった。

翌日、チェコから日本の体操協会あてに１枚のファックスが届いた。

そこには「日本国民のみなさまへ」からはじまる、心のこもった言葉が書きつらねられていた。

大好きな日本のひとびとの苦境に心を痛め、亡くなったひとびとの冥福《めいふく》と生き残ったひとびとの復興を祈《いの》り、できるかぎり援助《えんじょ》をしたいと申しでる、チャスラフスカからの激励《げきれい》のメッセージだった。

チャスラフスカは、10年をこえる長いねむりから覚めていた。

遠い日本の苦境を自分のことのように感じる思いやり。

そして思いを形にする行動力。

彼女《かのじょ》の心もまた、息をふき返していた。

チャスラフスカはこの後、国内で寄付金を集める。

その翌年、被災《ひさい》した岩手県の子どもたちをプラハに招待して子どもたちの心をいたわった。

金メダルよりかがやくもの

がんをわずらう彼女《かのじょ》は日本のひとびとに向けてメッセージを送っている。

「私は今、４つめのオリンピックと戦っています。

でも強い相手だからとあきらめてしまえばそこで負け。

２０２０年に東京でお会いしましょう」

チャスラフスカ、死の前年の言葉だった。

２０１６年夏に74歳《さい》で世を去るまで、彼女《かのじょ》の心はつねに前をむいていた。

逆境のなかでもあきらめなかった。

真心とほこりをつらぬきとおした。

なにより、すべてのひとびとに誠実だった。
彼女《かのじょ》のその生き方は、オリンピックでの7つの金メダルに負けないほどかがやいている。

【参考文献】

『桜色の魂～チャスラフスカはなぜ日本人を50年も愛したのか』長田渚左（集英社）2014
『ベラ・チャスラフスカ　最も美しく』後藤正治（文藝春秋）2006
『週刊ベースボール21』（ベースボール・マガジン社）1966
『チャスラフスカの証言：チェコスロヴァキア民主化への道』工藤美代子（ベースボール・マガジン社）1990
『心にのこるオリンピック・パラリンピックの読みもの3　世界の人々とつながって』（学校図書）2016
『近代オリンピックのヒーローとヒロイン』池井優（慶應義塾大学出版会）2016
『スポーツ歴史の検証　オリンピック・パラリンピック　歴史を刻んだ人びと』（笹川スポーツ財団）2019

第9章

走ることは、自由になること

陸上4冠の弾丸ランナー

陸上競技

ジェシー・オーエンス

1936年ベルリン大会　陸上競技男子　100m・200m・男子4×100mリレー・走り幅跳び／金

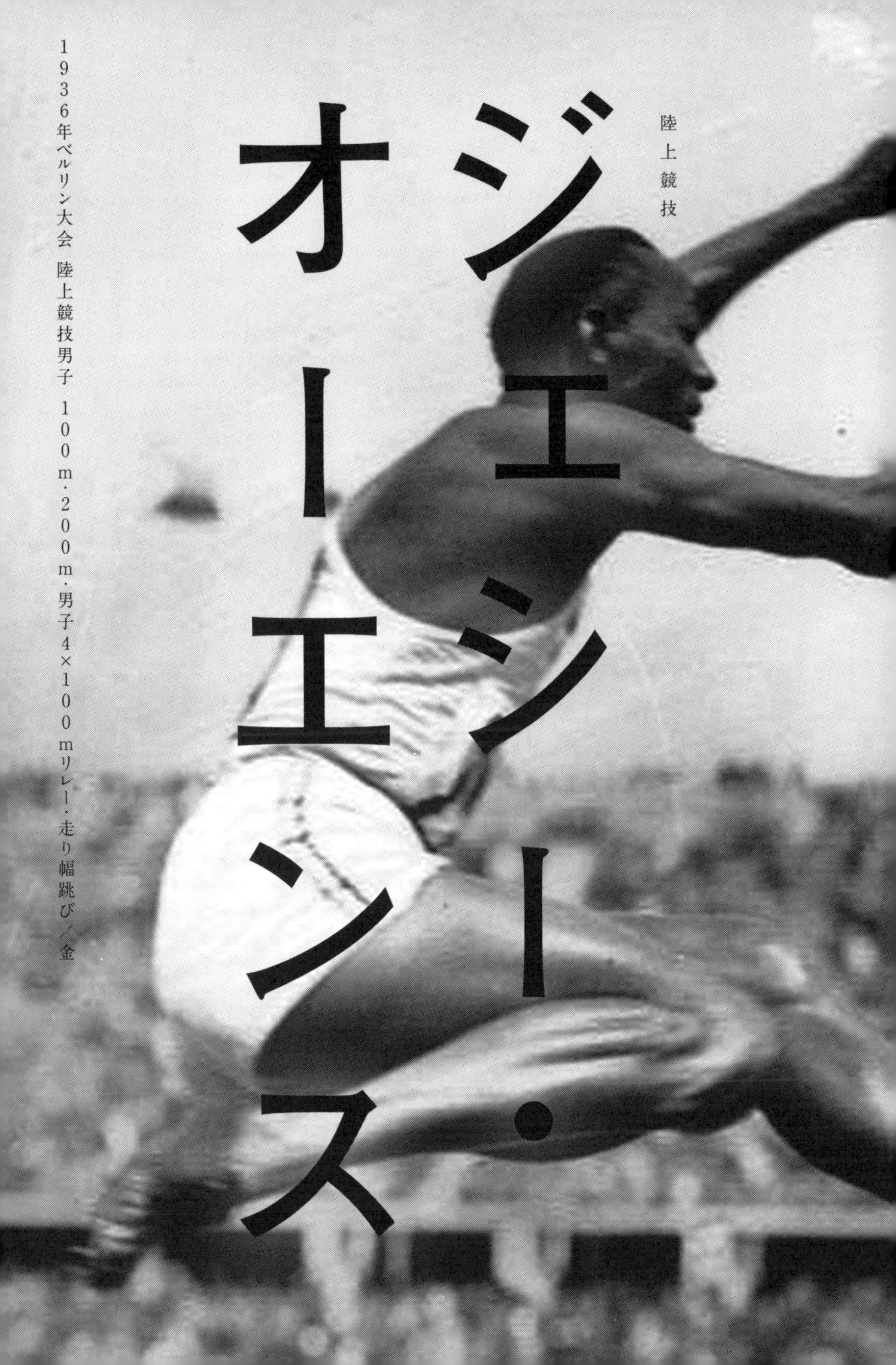

この物語は、第2次世界大戦よりも前のオリンピックが舞台《ぶたい》だ。

その主人公は、ジェシー・オーエンスというアメリカ人。

こう書くと、読者のみなさんには遠くはなれた世界のお話のように感じられるかもしれない。

だが、本当に自分たちとまったく別世界の話だったかどうかは、読み終えたときにもう一度考えてみてほしい。

はずかしがり屋の少年

ジェシー・オーエンスは、世界でもっとも有名な陸上選手の1人だ。

ただ、よく知られているその名前は、実は本名ではない。

彼《かれ》の本名は、ジェームズ・クリーブランド・オーエンス。

少年時代は、前半の頭文字をとって「J・C」とよばれていた。

小学校で担任になった先生に名前を聞かれ、小さな声でこたえたそのニックネームを「ジェシー」と聞きまちがえられてしまった。

本当なら、「ジェシーではなくてＪ・Ｃです」とまちがいを正さなくてはならない。大切な名前なのだから。

でも、少年にはそれができなかった。

とてもはずかしがり屋だったからだ。

「ジェームズ」だった９歳《さい》の少年は、その後の人生をとおして「ジェシー」とよばれつづけることになる。

先祖は奴隷《どれい》の黒人

ジェシーは、１９２０年代にアメリカ南部《なんぶ》からアメリカ北部に移住してきた黒人家族の子どもだった。

アメリカでは19世紀なかばまで、黒人が白人の奴隷《どれい》として生活をさせられていた。

１８６５年に奴隷《どれい》制が廃止《はいし》されてからも黒人への人種差別はなかなか減らない。

とくにアメリカ南部《なんぶ》では、教育や仕事にもめぐまれなかった。

そこで、おおくの黒人が差別のより少ない北部へ移住したのだ。

南《なん》部《ぶ》よりは「まし」とはいえ、北部でも差別は存在した。

生活は苦しく、おさないジェシーも放課後に働いて家族を助けた。

とにかく走りたい！

ジェシーの人生を変えたのは、中学校陸上部のコーチ、チャールズ・ライリーだ。

校庭で走り回っているジェシーを見て並はずれた身体能力を確信したライリーは、ジェシーに声をかけた。

「陸上部に入らないか？」

ジェシーは、ぱっと目をかがやかせた。

走ることが大好きだったし、コーチが自分を見てくれていたこともうれしかった。

思わずその場でうなずく。

しかし、すぐに悲しそうに首をふった。

「放課後は働かなきゃならないから……」

放課後がだめなら……そうだ、朝だ！

第9章　走ることは、自由になること　陸上4冠の弾丸ランナー

ジェシー・オーエンス

いつかオリンピックで
金メダルをとる！

そこから、ライリーとジェシーの朝練の日々がはじまった。

ライリーの教え方はとてもわかりやすかった。

「地面が火事になっていると思って走れ！」

足の裏を長い間グラウンドにつけることなく、すばやく動かしてはねるように走ることができるようになった。

「馬の走り方をまねしてみろ！」

競馬場で鼻先からつっこむように一直線に走る馬の姿から、わき目をふらずむだな動きのない走り方を身につけた。

ライリーはまた、ジェシーに目標を持ってもらおうと、オリンピックの金メダリスト、チャーリー・パドックに会わせた。

「君はすばらしい才能をもっているね。これからも努力するんだ。期待しているよ」

大スターから直接かけられた言葉に、ジェシーの夢はさだまった。

「いつかオリンピックで、金メダルをとる！」

空前絶後の大活躍《かつやく》！

オーエンスは中学生世界記録を連発。

高校時代には１００ヤード（約90メートル）走で世界新記録をマーク。

走り幅《はば》とびでも全米１位になった。

オーエンスの才能を求めておおくの名門大学がラブコールを送り、彼《かれ》はオハイオ州立大学に進学する。

そこで名コーチとうたわれるラリー・スナイダーの指導をうけ、１９３５年には走り幅《はば》とびで世界記録を更新《こうしん》して全米２連覇《れんぱ》。

１９３６年には１００メートルで10秒２の世界新記録を樹立する。

その年におこなわれるベルリンオリンピックの金メダルをアメリカでもっとも期待される選手になっていった。

ただし、競技場ではかっさいをあびても、社会のなかでは彼《かれ》が差別をうける黒人であることに変わりはなかった。

白人といっしょに大学のキャンパス内に住むことはできない。

学生食堂にも入れず、練習後のシャワーも白人学生が使った後でないと使うことが許されなかった。

それでも、オーエンスが不満をあらわすことはなかった。

当時の社会で、黒人への差別は「当然」とされていたからだった。

オリンピック出場を辞退してほしい

オーエンスは、22歳《さい》でむかえるベルリンオリンピックを心まちにしていた。

だが、そこに問題が立ちふさがった。

大会を開催《かいさい》するのは、ナチス・ドイツ政権。

総統のヒトラーは、青い目と金色の髪《かみ》をもつアーリア系とよばれるひとびとを、「優れた人種」とし、それ以外の人種、とくにユダヤ人と黒人をひどく差別した。

このような人種差別をする政府がおこなう大会への参加はボイコットすべきだ。
そういう意見が、アメリカ国内でうずまいた。
オーエンスのもとにも直接、
「オリンピック出場を辞退してほしい」
という働きかけがなされた。
「もし出場すれば、人種差別に賛成することになる。
君は差別される側の黒人なのに、ヒトラーの片棒をかつぐのか？」
そう言われてオーエンスはなやみ、一度は出場辞退を決意する。

走っているときは、差別から自由なんだ

それをとめたのは、コーチのスナイダーだった。
「アメリカには人種差別は存在しないのか？
ドイツとアメリカでは同じようなことがおこなわれているのに。
ドイツにだけ反対して、長年の夢をつぶすのか？」

そのとおりだった。

オーエンスにとって、差別をうけることは日常そのもの。

それでも、走ってきた。

走ることはオーエンスの一番の喜びだ。

なぜなら、走っているとき、オーエンスは差別から「自由」になれるからだった。

その自由をうばう権利はだれにもない。

ドイツからも大歓迎《かんげい》

参加ボイコットをするかどうかでゆれたアメリカだったが、結局、選手団派遣《はけん》が決まった。

ベルリンへ向かう船に、晴れてオーエンスも乗りこんだのだった。

出場する予定の種目は１００メートル、２００メートル、走り幅《はば》とびだ。

ベルリンに到着《とうちゃく》したオーエンスは、群衆から大歓迎《かんげい》をうけた。

人種差別政策のナチス・ドイツ政権下でも、ドイツのひとびとは世界記録をいくつも持つ大スター、オーエンスに会えるのをとても楽しみにしていたのだ。

いつも笑顔で、気軽にサインにも応じるオーエンス。

子どもたちにも大人気だった。

ナチス・ドイツが自分たちの強さをアピールするために作った巨大《きょだい》なスタジアムは、11万人の観客でうめつくされた。

はなばなしくはじまった大会はしかし、初日から不穏《ふおん》な出来事にみまわれる。

帰ってしまったヒトラー

貴賓《きひん》席から競技を見守るヒトラーは、自国ドイツの選手が金メダルをとるとその選手をよんで握手《あくしゅ》をし、祝福した。

他の国の選手にも同じようにした。

だが、アメリカの黒人選手が走り高とびで優勝すると、メダル授与《じゅよ》がおこなわれる前に帰ってしまった。

選手によって対応を変えたヒトラーに、批判の声があがる。

すると、翌日からヒトラーは、いっさいの祝福をやめた。

黒人と握手《あくしゅ》をするくらいなら、だれとも握手《あくしゅ》しないほうがましだ。

その意志のあらわれであった。

ただオーエンスにとって、ヒトラー１人に祝福されるかどうかはたいした問題ではなかった。

大舞台《ぶたい》で、観衆の声援《せいえん》をうけながら競技をする気分は最高だ。

最初の山場は、陸上男子１００メートル決勝。

号砲《ごうほう》とともに、オーエンスは独特の低い姿勢で弾丸《だんがん》のように飛び出し、チームメートとの先頭争いから70メートル付近でトップに立って、そのままゴールした。

大拍手《はくしゅ》と声援《せいえん》。電光掲示板《でんこうけいじばん》には、10秒３が表示された。

まさかの連続ファウル

翌日は走り幅《はば》とび。

この競技では、地元ドイツにルッツ・ロングという優勝候補がいた。

金髪《きんぱつ》で青い目のロングは、ナチス・ドイツにとって「理想的なアーリア人」。

ヒトラーが自分の人種差別政策の正しさをアピールするためにもとくに期待をかけている選手だった。

世界記録保持者オーエンスとロングとの対決は、前々から注目のまとだった。

だがこの日の予選で、まさかの大ピンチがオーエンスをおそった。

ウォーミングアップの動きを本番のジャンプと認定されてしまったのだ。

ファウルの旗があげられ、予想外のなりゆきにうろたえるオーエンス。

残るジャンプは2回だ。

気を取り直したつもりでいどんだ次のジャンプも、ふみ切りをあやまってファウル。

さすがのオーエンスもおおいにあせった。

近づいてきた１人の選手

これでは金メダルどころでない。

「もし次にファウルになったら、それがこのスタジアムで最後のジャンプになってしまう……」

世界記録保持者があわや予選落ちという展開に、スタジアムじゅうがかたずをのんで見守っている。

動揺《どうよう》をおさえられないまま、最後のジャンプにのぞもうとするオーエンス。

そのとき、1人の選手がフィールドに近づいてきた。

優勝争いのライバル、ロングだ。

彼《かれ》は踏切《ふみきり》線のかなり手前をさししめして、片ことの英語でオーエンスによびかけた。

「あせる必要なんてないじゃないか。

君なら、このくらい手前からとんだってじゅうぶん予選通過できるだろ？」

このよびかけが、オーエンスの異様な緊張《きんちょう》をときほぐした。

アドバイスどおりにふみ切りによゆうをもってとんで、ぶじに予選を通過した。

スポーツマンシップにあふれたロングの行動のおかげだった。

実は、これはロングにとって大きな危険をはらむ行動だった。

ドイツのスター選手が、金メダルをおびやかす他国の、しかも黒人の選手を助けるなどという行為《こうい》を、ヒトラーが許すはずがない。

それを知りながら助けてくれたロングの勇気。

オーエンスは心の中で感謝した。

最強のライバル

決勝で、２人はしれつな戦いをくり広げた。

ロングはヨーロッパ記録となる7メートル87の大ジャンプを成功。

地元スターへの拍手《はくしゅ》でスタジアムがゆれる。

オーエンスも負けじと7メートル94をとんでみせる。

逆転をねらったロングは次のジャンプでファウルをおかす。

オーエンスはさらに8メートル6をとぶ。

オリンピック新記録をたたきだして優勝をものにしたのだった。

大記録に観衆がわくなか、ロングがオーエンスに歩みよる。

２人はがっちりとだきあい、肩《かた》を組んで場内を歩く。

そんな２人に、観衆は温かな拍手《はくしゅ》をおくった。

当時、もっとも人種差別がはげしいとされた国で、大勢の観客に祝福されたこと。

そこで白人のライバル、ロングとかたい友情で結ばれたこと。

この出来事は、すべてのメダルをあわせたよりも光りかがやく宝物としてオーエンスの胸にしまわれた。

ロングとの友情は、その後も文通というかたちで続くことになる。

ベルリンのあと

オーエンスは２００メートルでも優勝し、３種目で３つの金メダルをかくとくした。

彼《かれ》のベルリン大会はここで終わるはずだった。

オーエンスは、急に、４×１００メートルリレーにも出場することになる。

リレーメンバーだったユダヤ人の２人の選手の出場がとりやめになったからだ。

ドイツからの圧力によるものか。

アメリカチームが自主的におこなったものか。

それは明らかになっていない。

オーエンスは反対したが、どうにもならなかった。

このリレーでアメリカは金メダルをかくとく。

オーエンスは４つめのメダルを手にした。

アメリカに帰国したオーエンスを、国民は熱狂《ねっきょう》してむかえた。

差別される大スター

しかし、大統領フランクリン・ルーズベルトはホワイトハウスに彼《かれ》をまねくどころか、祝電すら送ってこなかった。

オーエンスをたたえるパーティがさまざまな場所で開かれた。

だが、パーティ会場に向かうために、一般《いっぱん》客用ではなく荷物運搬《うんぱん》用のエレベーターを使わなければならなかった。

オーエンスは「４冠《かん》の大スター」。

だが同時に、差別される「黒人」でもあった。

やがてオリンピックの熱気がうすれてくると、彼《かれ》はお金にも困るようになり、さまざまな仕事をしながら細々と家族をやしなった。

馬と競争するといった仕事も、屈辱《くつじょく》に耐《た》えながらおこなった。

1939年には第2次世界大戦がはじまった。

ルッツ・ロングの死

ドイツのルッツ・ロングとのあいだでつづいていた文通。

手紙は、その年を最後にとだえた。

戦争終結後、やっとのことで、ロングの家族と連絡《れんらく》をとることができた。

ロングは、ナチス・ドイツによって戦いの前線に送られ、戦死していた。

1951年、オーエンスはベルリンに招かれた。

なつかしいスタジアムで8万人の群衆にむかえられる。

「15年前、ヒトラーはあなたにあいさつも握手《あくしゅ》もしようとしなかった。
私は今日、その両方をすることでつぐないたい」

西ベルリン市長の手が、その言葉とともにさし出された。

オーエンスはその手にこたえた。

すぐれた能力には境界などない

１９７６年、オーエンスはホワイトハウスに招かれ、大統領自由勲章《くんしょう》をさずけられた。


「陸上競技で、５人のアメリカ黒人選手が８つの金メダルをかくとくした。

とくに１人のアメリカ人選手が、すぐれた能力には人種や政治的な境界などないことを証明してくれた。

その人物こそ、ジェシー・オーエンスだ」

授与《じゅよ》式での大統領の言葉だ。

ベルリン大会から40年が経っていた。

４年後、ジェシー・オーエンスは66年の生涯《しょうがい》をとじた。


オーエンスがその人生のなかで、何かを声高にさけんだことはほとんどなかった。

ただひたむきに走った。

そして陸上4冠《かん》といういまだにだれにも超《こ》えられていない偉業《いぎょう》をなしとげた。

その後もただひたむきに生きた。

彼《かれ》の人生がジェットコースターのように上下しているように見えるなら、それは彼《かれ》をとりまく社会の、彼《かれ》に対する接し方がコロコロと変わったからだ。

たったひとつの自由

さまざまなひとびとの、さまざまな物のみかたによって人生をほんろうされたオーエンスにとって、決して変わらなかったものがある。

「走ることは、自分の力だけでできる。

どの方向にだって行けるし、速くもおそくも自分の思いのままだ」

オーエンスが走るとき、そこにはいつでもひとびとの輪ができあがった。

国籍《こくせき》やはだの色など関係ない。

すばらしい能力を素直にたたえる輪だ。

その輪のなかにいるとき、オーエンスはすべてから自由になることができたのだった。

心が自由になれることを

あなたはいま、自分は自由だと感じられているだろうか。

差別のまったくない社会に生きていると信じられているだろうか。

時や場によって、ひとびとの自分に対する態度がちがうと感じてしまうことはないだろうか。

世界はつねに変わりつづけている。

いまが幸せでも、この後何がどうなるかはだれにもわからない。

そんな世界で、好きなこと、得意なこと、「これをしているときには心が自由になれる」と思えることを見つけてほしい。

きっとそれが、あなたの人生を救う力になる。

第9章　走ることは、自由になること　陸上4冠の弾丸ランナー

ジェシー・オーエンス

【参考文献】

『走ることは、生きること――五輪金メダリスト　ジェシー・オーエンスの物語――』古川哲史、三浦誉史加、井上摩紀※以上翻訳（晃洋書房）2016

『ベルリンオリンピック1936　ナチの競技』デイヴィッド・クレイラージ（白水社）2008

『心にのこるオリンピック・パラリンピックの読みもの　3』（学校図書）2016

『スポーツ歴史の検証　オリンピック・パラリンピック　歴史を刻んだ人びと』（笹川スポーツ財団）2019

『近代オリンピックのヒーローとヒロイン』池井優（慶應義塾大学出版会）2016

「栄光のランナー　1936ベルリン（原題：Race）」フランス・ドイツ・カナダ合作映画　2016

第10章

いだてん、時をこえてオリンピックを走る

マラソン

金栗四三

１９１２年ストックホルム大会　マラソン男子／一時行方不明
１９２０年アントワープ大会　マラソン男子／16位
１９２４年パリ大会　マラソン男子／途中棄権

「私には荷が重すぎるようです。お断りします」

金栗《かなくり》四三《しそう》はこのとき、きっぱりと言った。

金栗《かなくり》が喜びいさんでオリンピック出場を承諾《しょうだく》すると信じこんでいた大日本体育協会会長の嘉納《かのう》治《じ》五郎《ごろう》は、びっくりぎょうてんした。

この数か月後、栄えある日本最初のオリンピック選手としてストックホルム大会に出場することには、なるのだが……。

片道6キロを毎日走る

1891年。

熊本県の春富村《はるどみむら》（現在の玉名《たまな》郡和水《なごみ》町）という小さな村で金栗《かなくり》四三《しそう》は生まれた。

父親が43歳《さい》の時の子どもなので、「四三《しそう》」。8人きょうだいの7番目だ。

父親が病にふせっていたため、長男の実次がけんめいに働いて8人きょうだいの大家族をささえる貧しいくらしだった。

当時の子どもたちは、小学校4年生までが義務教育だった。

金栗四三

義務教育を終えるとその先は家業を手伝い、働き手となるのがふつうだった。

まじめで勉強の成績がよかった四三《しそう》は、家族や親せきの協力で高等小学校、その先の中学校にまで進んだ。

高等小学校は家から片道6キロもの距離《きょり》にあり、四三《しそう》は同じ村の子どもたちと毎日走って通学した。

はじめのころ、体の小さな四三《しそう》はすぐに置いていかれた。

くやしいのでしゃにむに走っても、つかれてつらくなるばかりだ。

しかし、少したつと、呼吸のしかたを工夫することで楽に走れるようになることに気がついた。

「スー、スー、ハー、ハー」と、吸う息を2回、はく息を2回に分けるといい。

楽に走れると、よゆうができて速く走れるようになる。

すると、走ることがどんどん楽しくなる。

彼《かれ》は毎日、村を出発すると仲間たちを置いてサーっと先に行き、とうげのあたりでニコニコしながらまっているのだった。

のちに「いだてん」とよばれ、日本を代表するランナーになる四三《しそう》の、才能の芽ばえだ。

きょうだいのなかで、中学まで進んだのは四三《しそう》だけ。

四三《しそう》は、自分のためにみんなが協力してくれていることを身にしみて感じていた。

どの学校でも優秀《ゆうしゅう》な成績をおさめ、中学では授業料がめんじょになる特待生に選ばれて家族の負担を減らした。

嘉納治五郎《かのうじごろう》の学校へ

そして１９１０年。

東京高等師範《しはん》学校（現在の筑波大学）に入学。

ここは、嘉納治五郎《かのうじごろう》が校長をつとめる学校だ。

柔道《じゅうどう》の創始者であり、世界にも日本の柔道《じゅうどう》を広めている嘉納《かのう》。

彼《かれ》は、ちょうど1年前に国際オリンピック委員会（ＩＯＣ）からアジアではじめての委員に選ばれていた。

彼《かれ》のスポーツにかける意気ごみはたいへんなものだった。

ぜひ日本の若者たちにもスポーツを広め、心身ともに健全な人間を育てたい。

金栗四三

その情熱は炎《ほのお》のようだった。

このとき四三《しそう》はもちろん、日本国民のほとんどがオリンピックそのものを知らずにいた。

ストックホルム大会はもう2年後にせまっていた。


入学した年の秋に開かれた長距離《きょり》競走大会（24キロ）。

金栗《かなくり》の順位は、600人中3番。

めざましい成績だった。

4学年が競い合う大会で、1年生が上位に入るのはとてもめずらしい。

金栗《かなくり》は表彰《ひょうしょう》式で、嘉納《かのう》校長から名前をあげてほめられた。

走ることではじめて認めてもらえた喜びに金栗《かなくり》の胸がふるえる。


彼《かれ》はその後、地理歴史の教員をめざして学びながら、徒歩部（現在の陸上競技部）に入って毎日走った。

長距離《きょり》競走大会では、もはや敵なしだった。

金栗《かなくり》のすごさは、いったんやると決めたことはどんなことがあってもやること。

それも、人一倍真剣《しんけん》につづけるという意志の強さにあった。

勉強でも、走ることでも同じだ。

天気や体調が悪くても、休まずに走りつづけた。

続出？　世界新記録

１９１２年ストックホルム大会のための国内予選会の開催《かいさい》が発表されたのは、２年生の秋。

25マイル（約40キロ）はこれまで走ったこともない長さだった。

だが、挑戦《ちょうせん》してみたい。

金栗《かなくり》は本格的な練習法を学ぼうと、社会人の先輩《せんぱい》に教えを願った。

伝授されたのはこうだ。

「走るときにつらいのは汗《あせ》がでるからだ。

走る前に体から汗《あせ》を全部ぬいてしまうのが一番だ」

まじめな金栗《かなくり》は言われた通りにしてみたが、すぐに熱中症《ねっちゅうしょう》でフラフラになってしまい、この方法をあきらめた。

運動時の水分補給の大切さは現代では当たり前だが、当時はこんな真逆の練習法が伝わっていたほど、日本の陸上競技の研究は進んでいなかったのだ。

11月の予選会当日、雨風すさぶ悪天候のなか、19人の選手が羽田運動場と東神奈川を往復するコースを走った。

金栗《かなくり》は足をケガしていながらも、１位で帰ってきた。

その足もとは、はいていた足袋《たび》がボロボロになってほとんどむき出しになり、血豆だらけだった。

「よくやった！　いだてん！」

ゴールのそばでは、嘉納《かのう》校長が笑顔で手をたたきながら金栗《かなくり》をまっていた。

発表された記録は、なんと世界新記録となる2時間32分45秒。

当時のマラソン世界記録を20分近くも縮めるものすごい数字だ。

だが、このときの2位、３位の選手の記録も当時の世界記録を超《こ》えるもの。

練習法さえ確立されていなかった当時の日本。

はたしてそんな天才が何人も生まれていたかといえば疑わしい。

コースの距離《きょり》の計測がまちがっていたというのが本当のところだったようだ。

君のマラソン力が必要なんだ！

はなばなしい、オリンピック予選会で優勝。

その先にあるのは当然オリンピックの出場だ。

しかし、金栗《かなくり》にそんなつもりはまったくなかった。

走ることが好きで、大会があるというから出場しただけなのだ。

金栗《かなくり》の目標は教員になることで、スポーツ選手ではなかった。

日本選手のオリンピック派遣《はけん》をめざす大日本体育協会のほうも、選手派遣《はけん》の費用を工面できず、選手本人に費用の負担を強いなければならないという事情があった。

選手側も、支援《しえん》体制も、現代のオリンピックとはまったくちがう状況《じょうきょう》だったのだ。

日本のオリンピック初参加がかなったのは、嘉納治五郎《かのうじごろう》の情熱あってこそだった。

オリンピック出場を断った金栗《かなくり》に対し、嘉納《かのう》は言った。

金栗四三

「わが国はまだ、いろいろな分野で欧米《おうべい》の先進国におくれをとっている。日本も、これからは学問だけでなく新しい方向に発展しなければならない。スポーツもそのひとつだ。君のマラソンの力で、日本スポーツの発展のきっかけを築いてくれ」

しかし、金栗《かなくり》は動かされない。嘉納《かのう》の必死の説得がつづく。

「もし敗れたとしても、それは君1人の責任ではない。どんなことでも、いしずえになるのは苦しいことだ。

だが、だれかがその役目をはたさなければ、日本は永久に発展することはできないのだ。

金栗《かなくり》くん、日本スポーツ界のための『黎明《れいめい》の鐘《かね》』になってくれないか」

嘉納《かのう》の思いは通じた。

それから約2か月間、金栗《かなくり》は練習のかたわら、西洋のテーブルマナーを学んだり、洋服を買いそろえたりと、めまぐるしい日々を過ごした。

重要だったのが、競技時にはく足袋《たび》の改良だ。

播磨《はりま》屋という足袋《たび》店の主人と相談を重ね、長距離《きょり》を走ってもやぶけないように足の裏を2重、3重に重ねた特製足袋《たび》を作ってもらった。

この足袋《たび》はその後さらに改良され、「金栗足袋《かなくりたび》」として日本のマラソンランナーの間で親しまれることになる。

1800円（現在で約500万円）もの渡航《とこう》費は、熊本の家族や学校の仲間などからの支援《しえん》によって工面できた。

そして1912年6月2日。

21歳《さい》の金栗四三《かなくりしそう》は、日本初のオリンピック選手となった6歳《さい》年上の短距離《きょり》走者、三《み》島弥彦《しまやひこ》、そして、監督《かんとく》の大森兵蔵《おおもりひょうぞう》とその妻といっしょに、スコットランドの地をふんだのだった。

海路と陸路を組みあわせた18日間の旅程であった。

行くだけでも大変！

新橋から鉄道で福井県の敦賀《つるが》まで行く。

そこから船でロシアのウラジオストクへ。

さらにシベリア鉄道で昼も夜もゆられる毎日は、彼《かれ》らにとって過酷《かこく》な経験となった。

金栗四三

監督《かんとく》の大森は肺を病んでおり、旅行中にその病状は悪化した。

若く体力のある金栗《かなくり》と三島《みしま》にとってもつらい旅だった。

牛乳とかんづめなどのそまつな食事。寝心地《ねごこち》の悪い寝台《しんだい》。

それに、大森の看病などさまざまな疲労《ひろう》が重なる。

ストックホルムに到着《とうちゃく》したときには万全とはほどとおい体調だった。

ちなみに、この大会のアメリカ選手団は、貸し切りの巨大《きょだい》客船「フィンランド号」で本国からひとこぎ。

何不自由ない生活をしながら広い甲板《かんぱん》で練習にいそしみ、日本選手団とは大ちがいのめぐまれた環境《かんきょう》でストックホルムに到着《とうちゃく》している。

到着《とうちゃく》後、ちいさなホテルに落ち着いた金栗《かなくり》らは体力の回復まで数日間を休んですごさねばならなかった。

やっと練習をはじめられるようになっても、監督《かんとく》がとてもグラウンドに出てこられる体調ではないため、単独で調整することを強いられた。

そこで知った現実は、自分たちが他国の選手たちにくらべて体格でもパワーでも大きくおとっていること。

また、他国の選手たちは、コーチやトレーナーと組んでみっちり指導をうけるだけなく、クールダウンやマッサージなど入念な体のケアをおこなっている。

それは日本のスポーツ現場にはない、新鮮《しんせん》な光景だった。

金栗《かなくり》らはストックホルムで日々をすごすにつれ、日本のスポーツとそれをとりまく環境《かんきょう》が西欧よりもずっとおくれていることを実感するのだった。


７月６日。

28の国と地域から選手団を集め、オリンピックの開会式がおこなわれた。

金栗《かなくり》がプラカードを、三島《みしま》が日の丸の旗をかかげる。

たった２人の日本選手団は胸をはり、堂々と入場行進をした。

陸上競技のトラック種目がはじまった。

１００メートルに出場した三島《みしま》は、11秒８で予選最下位。

それでも自己記録を更新《こうしん》する、彼《かれ》なりの会心の走りだった。

２００メートルでも予選最下位。

最後の出場となった４００メートルは、棄権《きけん》者が複数出たため予選を走りきりさえすれば準決勝に進めるという流れだった。

だが、三島《みしま》は予選に自分の持てる力のすべてをぶつけ、自己ベストを記録すると、準決勝を走ることなく競技を降りた。

「金栗《かなくり》くん、日本人には短距離《きょり》はむりなようだ」

こぼした言葉が、彼《かれ》の無念をものがたっていた。


マラソン当日の7月14日。

ストックホルムは異常な猛暑《もうしょ》にみまわれた。

あまりの暑さに30人以上が棄権《きけん》。

スタートラインに立ったのは68人。

そのなかに金栗《かなくり》はいた。

しかしレースは開始直後から彼《かれ》の想定外だった。

他の選手たちはスタートと同時にまるで短距離《きょり》走のように飛ばし、あっというまに金栗《かなくり》は引き離されたのだ。

競技場をでるころには、ほとんど最後尾《さいこうび》になっていた。

日本の関係者が金栗《かなくり》の姿を肉眼でとらえていたのはここまで。

その後、金栗《かなくり》はどんな走りをし、どのようにレースを終えたのだろう。

彼《かれ》自身のふり返りによると、折り返し地点に来るころには20～30人をぬいて順位を上げていたという。

しかし、そのかなり前から、強い日差しが彼《かれ》の体をむしばみはじめていた。

このとき、同じ暑さのなかでおおくの選手が早くもレースから脱落《だつらく》しているが、金《かな》栗《くり》はそんなことを知るよしもない。意識もうろうとなりながら、夢中で走った。

折り返し地点付近は、急な上り坂になっていた。

選手にとってあまりに過酷《かこく》なコースだ。

金栗《かなくり》はとちゅうで水を飲んだり、体にかぶったりして、なんとか走った。

何人かの選手をぬきさえした。

しかしその先、コースの26・7キロ地点で、金栗《かなくり》はコース上から消えた。

金栗《かなくり》の足あと

スタジアムでは、嘉納《かのう》、大森、三島《みしま》らが掲示板《けいじばん》に表示される選手の順位に目を食い入らせていた。

金栗四三

一時は金栗《かなくり》が17位まで追い上げたことがわかっていたが、折り返し地点を過ぎてから、金栗《かなくり》の消息はとだえた。

しばらくすると、競技場に選手がもどってきはじめた。

1位は南アフリカのケネス・マッカーサー、2時間36分54秒。2位も南アフリカの選手。下位の選手たちがあとに続く。

だれもかれもがつかれはてていた。

その流れがとだえ、しばらくたっても金栗《かなくり》はもどってこなかった。

まちくたびれた嘉納《かのう》たちは、あきらめてホテルに帰ってきた。

そして、部屋の中でぼうぜんとしている金栗《かなくり》の姿を見つけたのだ。

金栗《かなくり》ははらはらと涙《なみだ》をこぼした。

「申し訳ありません。レースのとちゅうから心臓が破裂《はれつ》しそうになって、気がついたら沿道の家の人に手当をされていたんです」

金栗《かなくり》には、自分がたおれた記憶《きおく》もなかった。

気づいたときには、彼《かれ》のレースは終わっていたのだ。

沿道にあったペトレ家のひとびとが介抱しながら差しだしてくれたラズベリーレモネードの甘《あま》ずっぱさが、さびしく彼《かれ》の記憶《きおく》に刻まれていた。

オリンピック初の死者

日本選手団は、金栗《かなくり》の棄権《きけん》を大会本部に届け出なかった。

そのため、金栗《かなくり》は行方不明あつかいとなり、翌日のストックホルムの新聞には、

「消えた日本人選手」の見出しがおどった。

日本でも、金栗《かなくり》敗退の報がかけめぐった。

世界記録保持者の金栗《かなくり》がふがいなくも実力を発揮せずに脱落《だつらく》した。

そんな論調がおもだったが、実際にレースのありさまを見ていたら、そうは書けなかっただろう。

このレースでは、オリンピックのマラソンではじめて死者が出た。

ポルトガルの選手が日射病でたおれて亡くなったのだ。

棄権《きけん》者も出場者の半数ちかくにのぼり、完走できたのはたった34人だった。

この過酷《かこく》な環境《かんきょう》にくわえ、金栗《かなくり》のレース結果が、たんに金栗《かなくり》のがんばり不足によるものではなかったことは、おわかりいただけるだろう。

トレーニング環境《かんきょう》も、生活の支援《しえん》体制も、指導者も、仲間も、そして経験も、当時の日本スポーツを構成するすべてが、他の国々にくらべて大きく足りなかったのだ。

金栗《かなくり》がならした黎明《れいめい》の鐘《かね》

金栗四三《かなくりしそう》はその後、二度オリンピックに挑戦《ちょうせん》した。

１９２０年アントワープ大会で16位、１９２４年パリ大会でとちゅう棄権《きけん》。

もっとも充実《じゅうじつ》した年齢《ねんれい》でむかえるはずだった１９１６年ベルリン大会が第１次世界大戦のために中止になったことはくやまれる。

日本選手団はその後、回を追うごとに選手数を増やし、１９２８年アムステルダム大会の織田幹雄《おだみきお》（三段とび）を皮切りに、金メダリストを輩出《はいしゅつ》するようになった。

三島《みしま》も、金栗《かなくり》も、結果だけをみれば満足とはほど遠いものだったかもしれない。

だが彼《かれ》らは、当時の日本に何よりも必要だったたくさんの学びと経験を得た。

この経験がまちがいなく、日本スポーツ発展の確かな「黎明《れいめい》の鐘《かね》」となったのだった。

あの日のゴールテープを

１９６７年。

75歳《さい》になっていた金栗《かなくり》に、一通の手紙が届いた。

その年に予定されているストックホルム大会55周年式典で、55年前から〝消えた〟ままになっている金栗《かなくり》にマラソンを完走してほしいという、招待状だった。

なつかしい地に降り立った金栗《かなくり》がまず向かった先は、あの日自分を助けてくれたペトレ家だ。

改めてお礼を言う金栗《かなくり》を、ペトレ家のひとびとはおかしとお茶でもてなしてくれた。

その後、オリンピックスタジアムへ。

コートに革ぐつ姿の金栗《かなくり》はトラックを数メートル走り、ゴールテープを切った。

歓声《かんせい》と拍手《はくしゅ》のスタジアムに、アナウンスがひびいた。

「日本の金栗《かなくり》四三《しそう》選手、ただいまゴールイン。

タイム54年8か月6日5時間32分20秒3。

これをもって、第５回ストックホルム・オリンピックの全日程を終了《しゅうりょう》します」

【参考文献】

『オリンピック・パラリンピックにつくした人びと　金栗四三』佐野慎輔（小峰書店）２０１８

『金栗四三　消えたオリンピック走者』佐山和夫（潮出版社）２０１７

『スポーツ歴史の検証　オリンピック・パラリンピック　歴史を刻んだ人びと』（笹川スポーツ財団）２０１９

［編著］
大野益弘（おおの・ますひろ）
ノンフィクションライター・編集者。株式会社ジャニス代表。日本オリンピック・アカデミー理事。日本スポーツ芸術協会理事。福武書店（現ベネッセ）などを経て編集プロダクションを設立。筑波大学大学院終了。著書に『オリンピック ヒーローたちの物語』（ポプラ社）など多数。

［執筆］
美甘玲美（みかも・れみ）
筑波大学大学院人間総合科学研究科スポーツ健康システム・マネジメント専攻修了。日本オリンピック・アカデミー会員。スポーツ・旅行系出版社、シンガポール邦字紙等を経て、フリーライターとして執筆活動中。

［執筆］
宮嶋幸子（みやじま・さちこ）
横浜市立大学卒業。三起商行（ミキハウス）に入社し、月刊誌や絵本の出版に携わる。その後、編集プロダクションで取材・執筆のノウハウを学び、2001年よりフリーライターとして活動。企業広報誌等に執筆多数。

ブックデザイン　小口翔平＋喜來詩織（tobufune）

10分で読める
オリンピック・パラリンピック物語5
絶望と復活

2020年3月15日　第1版 発行

編　著　大野益弘
執　筆　美甘玲美　宮嶋幸子
写　真　フォート・キシモト
発行者　岡本光晴
発行所　株式会社あかね書房
〒101-0065　東京都千代田区西神田3-2-1
電　話　営業（03）3263-0641　編集（03）3263-0644
印刷所　中央精版印刷株式会社
製本所　株式会社難波製本

NDC916　199ページ　22×16cm

ISBN 978-4-251-09608-1

https//www.akaneshobo.co.jp

10分で読める
オリンピック・パラリンピック物語

世界の頂点

羽生結弦［フィギュアスケート］／長野冬季大会　スキージャンプ団体［スキージャンプ］／高橋尚子［マラソン］／北島康介［競泳］／ビキラ・アベベ［マラソン］／アントン・ヘーシンク［柔道］／カール・ルイス［陸上競技］／ウサイン・ボルト［陸上競技］／国枝慎吾［車いすテニス］／伊調馨［レスリング］

永遠の友情

内村航平［体操］／京谷和幸［車いすバスケットボール］／チーム朝原［陸上競技］／リオ大会　卓球日本女子チーム［卓球］／上野由岐子［ソフトボール］／東洋の魔女［バレーボール］／なでしこジャパン［サッカー］／平昌大会　カーリング女子［カーリング］／平昌大会　パシュート日本女子［スピードスケート］／アテネ大会　体操男子日本チーム［体操］

譲れぬ激闘

吉田沙保里［レスリング］／谷（田村）亮子［柔道］／葛西紀明［スキージャンプ］／水谷隼［卓球］／平野歩夢［スノーボード］／成田真由美［パラ水泳］／橋本聖子［スピードスケート・自転車］／羽根田卓也［カヌー］／前畑秀子［競泳］／人見絹枝［陸上競技］

信頼と情熱

リオ大会　男子リレーチーム［陸上競技］／デューク・カハナモク［競泳］／小平奈緒とイ・サンファ［スピードスケート］／高橋礼華と松友美佐紀［バドミントン］／上村愛子［スキー］／西方仁也と24人のテストジャンパー［スキージャンプ］／土田和歌子［車いすマラソン］／ミュンヘン大会　男子バレーボール［バレーボール］／西田修平と大江季雄［陸上競技］／西竹一［馬術］

絶望と復活

瀬戸大也と萩野公介［競泳］／浅田真央［フィギュアスケート］／ジム・ソープ［陸上競技］／古橋廣之進［競泳］／円谷幸吉［マラソン］／佐藤真海［パラ陸上］／山下泰裕［柔道］／ベラ・チャスラフスカ［体操］／ジェシー・オーエンス［陸上競技］／金栗四三［マラソン］